Elisabeth Engler

60 LIKÖRE aus dem Thermomix®

RatzFatz gekocht
Zum Genießen und Verschenken

3. Auflage

Bibliografische Information der Deutschen Nationalbibliothek:
Die Deutsche Nationalbibliothek verzeichnet diese Publikation in der Deutschen Nationalbibliografie;
detaillierte bibliografische Daten sind im Internet abrufbar über
http://dnb.d-nb.de

Elisabeth Engler

Herausgeber:
Compbook Verlag
Karl-Heinz Engler Dipl. Ing. (FH)
Kirchbergstr. 17
D-85402 Kranzberg
www.compbook.de
email: compbook@gmx.de

ISBN 978-3-934473-06-5

Inhalt

Wissenswertes über die Likörherstellung

Inhaltsstoffe

Folgende Stoffe sind in Likören enthalten, und zwar sowohl in hausgemachten, wie auch in handelsüblichen Produkten:

- Alkohol
- Süßmittel
- Aromen
- Wasser

Die Qualität der verwendeten Komponenten entscheidet dabei im Endeffekt über Geschmack und Verträglichkeit des Endproduktes.

Alkohol dient zur Konservierung, zum Auszug der Aromastoffe und als Geschmacksträger. Er gibt Likören den „Pfiff". Daher ist es wichtig, welche Sorte Alkohol man verwendet.

Fruchtliköre	Obstwässer, Obstbrände, Zuckerrohrbrand
Kräuterliköre, Liköre mit leichten und empfindlichen Aromen	Branntwein aus Getreide, Korn (Doppelkorn, Wodka, Whiskey, Weinbrand, Arrak) und Zuckerrohr (Cachaca, Rum)
Sahneliköre	Weinbrand, Cognac, Rum
Ansatzalkohol, 96 Vol. %	passt zu Allem, muss stark verdünnt werden und ist relativ kostspielig

Die Geschmäcker unterscheiden sich, diese Aufstellung dient nur der Hilfestellung! Auch die Mischung verschiedener Alkoholsorten kann sehr lecker sein.

Wieviel Vol. % für Grundalkohol sind empfehlenswert?

Hier scheiden sich die Meinungen. Manche empfehlen grundsätzlich nur den teuren Weingeist (unvergällter Alkohol, meist aus der Apotheke) bzw. Ansatzalkohol mit 90 bis 96 Vol. %. Dieser eignet sich besonders, um die Aromen von Gewürzen und Kräutern auszuziehen. Andere wiederum verwenden grundsätzlich nur handelsübliche Alkoholsorten, die zwischen 32 und 40 % Alkohol enthalten. Der Erfahrung nach ist das Ergebnis dann abhängig davon, welche Stoffe ausgezogen werden sollen. Gute Erzeugnisse lassen sich mit Obstwasser, Fruchtbränden, Grappa, Wodka, Rum und Weinbrand mit 38 oder 40 Vol. % erzielen. Wichtig: die im Alkohol bereits vorhandenen Aromen müssen harmonieren mit den übrigen Zutaten. Hochprozentiger Weingeist muss dagegen wieder reduziert werden auf Trinkstärke mit Wasser, Sirup oder Saft. Andernfalls erhält man keinen Likör sondern einen hochprozentigen, süßen Schnaps, je nachdem sogar untrinkbar. Zucker löst sich übrigens erst in verdünntem Alkohol. Medizinische Tinkturen werden mit einem Weingeist mit 70 Vol. % erstellt. In der Regel liegt der Alkoholgehalt von Likören zwischen 15 und 30 Vol. Prozent. Ätherische Öle lösen sich vor allem in hochprozentigem Ethanol.
Weiteres siehe Rubrik „Wie man den Alkoholgehalt berechnet“

Süßmittel sind nicht nur weißer, gebleichter Zucker, sondern auch brauner Rohrzucker, Honig oder eingedickte Pflanzensäfte wie Ahornsirup und Agavendicksaft. Die Fruchtsüße der verwendeten Obstsorten bringt ebenso eine bestimmte, zu berücksichtigende Süße. Manche Gewürze und Kräuter wie zum Beispiel Stevia oder Süßholz haben ebenfalls eine starke Süßwirkung. Dem Zucker kommt vor allem bei niedrigprozentigen Likören nicht nur eine süßende, sondern auch eine konservierende Funktion zu. Manche Aromen lösen sich in Kristallzucker (wie auch in Salzkristallen übrigens) besonders gut, daher wird in den vorliegenden Rezepten diese Methode gelegentlich verwendet. Sie kann die nötige Ruhezeit angenehmerweise verkürzen.
Der Mindestzuckergehalt von (im Handel befindlichen) Likören ist gesetzlich geregelt: in der EU derzeit bei 100 g Zucker pro Liter, bzw. dementsprechend ein Süßmittel, das der Süßkraft von 100 g Invertzucker entspricht. Creme- oder Cassisliköre unterliegen dabei anderen Anforderungen.

Brauner Zucker und Vollrohrzucker verändern nicht nur die Farbe des Likörs, sondern geben auch einen eigenen, würzigen Geschmack mit ab. Daher sollte er nur verwendet werden, wenn dies auch erwünscht ist und zu den anderen Inhaltsstoffen passt. Der in einigen Rezepten verwendete Muscovadozucker ist ein besonders dunkler Vollrohrzucker (ungereinigt und nicht raffiniert), der intensive, würzige, fast malzige Aromen besitzt. Meist harmonieren diese mit Gewürzlikören oder hohem Gewürzanteil.

Aromen werden Likören zugesetzt in Form von Früchten, Gewürzen, Kräutern oder Essenzen (Auszügen) derselben in Zucker (als Sirup oder in Kristallzucker aromatisierte Stoffe) oder Alkohol. Künstliche oder naturidentische Aromen verwenden wir hier nicht! Diese bekommen wir sowieso genug in normalen Lebensmitteln ab. Unsere Aromen bekommen wir mittels Extraktion (s. unten), bei der bestimmte Stoffe in ein Alkohol – Wasser – Gemisch (wie es auch der handelsübliche Alkohol ist) für mehrere Stunden bis hin zu mehreren Monaten eingelegt werden. Dadurch lösen sich die darin enthaltenen Wirkstoffe, die alkohol- oder wasserlöslich sind. Rein fettlösliche Wirkstoffe werden hierbei nicht frei. Eine Herstellung von Likören kann auch mit Hilfe von ätherischen Ölen geschehen. Diese sind allerdings extrem aromatisch und bedürfen einer sehr genauen Dosierung. Nur mit erstklassigen naturbelassenen oder natürlichen ätherischen Ölen können auch erstklassige Ergebnisse erreicht werden. Diese sind leider auch entsprechend teuer! Naturidentische oder gar künstliche ätherische Öle sind mit synthetischen Substanzen durchsetzt und eignen sich nicht für unsere Zwecke. Sind bereits ätherische Öle im Haushalt vorhanden, die diesen Kriterien entsprechen (am besten kontrolliert biologischer Anbau, also Bio-Qualität), kann man aber eine bestimmte Geschmacksrichtung durch (sehr vorsichtige) Aromatisierung des Liköransatzes mit ein paar wenigen Tropfen noch herausstreichen. Ätherische Öle sind nicht wasserlöslich, daher müssen sie in den (möglichst hochprozentigen) Alkohol gegeben werden. Dann wird das Ganze gut geschüttelt. Wie gewohnt ruhen lassen und weiterverarbeiten.
Für den Geschmack unserer selbst hergestellten Liköre sind die Aromen die wichtigsten Zutaten. Daher verwenden wir qualitativ sehr hochwertige und naturbelassene Bestandteile!

Wasser hat sowohl die Funktion, den Alkoholgehalt des Endproduktes zu reduzieren, als auch in manchen Likören die, wasserlösliche Aromen zu lösen. Dabei sollte ein möglichst wenig kalk- und magnesiumhaltiges Wasser verwendet werden. Diese werden durch hochprozentige Alkohole ausgefällt und es entstehen unerwünschte Trübungen der Flüssigkeit. Hat man jedoch nur sehr hartes Wasser in seiner Küche, greift man auf weiches Quellwasser, natürliches Mineralwasser ohne jegliche Zusätze (wie Kohlensäure) oder auch auf destilliertes Wasser (ohne Zusatzstoffe!) höchster Qualität aus der Apotheke zurück. Im Übrigen tut es auch ein handelsüblicher Wasserfilter, der zumindest viele Kalkanteile aus dem Wasser herausholt.

Wie der Alkoholgehalt berechnet wird

Unter dem Begriff „Alkoholgehalt" versteht man, wie viel Ethanol, also Alkohol, in einer Flüssigkeit, in unserem Fall zumeist Wasser, enthalten ist. Dies wird durch Volumenprozent (%) angegeben. Da die beiden Komponenten eine unterschiedliche Dichte haben (Wasser hat eine höhere Dichte als Alkohol), kann man aufgrund eben dieser den Alkoholgehalt einer Flüssigkeit berechnen, sofern sie ausschließlich aus Wasser und Alkohol besteht. Hierfür gibt es sogenannte Aräometer oder Alkoholmeter. Durch den Zusatz von Zucker und auch anderen Stoffen in Likör, lassen sie sich leider nicht zur Alkoholbestimmung verwenden.
In einem Likör mit 32 Vol. % sind 32 ml Ethanol pro 100 ml Likör enthalten.
52 ml Ethanol und 48 ml Wasser ergeben allerdings ein Gesamtvolumen von 96,3 ml, nicht von 100 ml! Exakte Umrechnungsformeln, mit deren Hilfe man im Hausgebrauch sich den genauen Alkoholgehalt seines Likörs errechnen kann, gibt es leider nicht. Vor allem, weil man dafür erst einmal den genauen Zuckeranteil – nicht nur des verwendeten Zuckers, sondern auch des in den Früchten enthaltenen Fruchtzuckers – wissen müsste. Genaues könnte man nur durch Labortestverfahren errechnen lassen oder mit relativ komplizierten Tests (mittels Erhitzen oder Destillation etc.).
Für den Hausgebrauch, bei dem es nicht ganz so genau gehen muss, kann man eine vereinfachte Berechnung vornehmen:

Hierfür werden folgende Angaben benötigt:

- Menge des fertigen Getränks in ml
- Volumenprozent des verwendeten Alkohols (Vol. %)

Spezifisches Gewicht von Alkohol: nämlich 0,8 g / cm^3
(1 ml Alkohol wiegt übrigens rund 0,8 g, dementsprechend ergibt 1 g Alkohol 1,25 ml)

Die Berechnungsformel zur Bestimmung des Alkoholgehalts lautet:
Menge (ml) × (Vol. % : 100) × 0,8 = ? Gramm reiner Alkohol × 1,25 = Inhalt (ml)

Beispiel: bei 1 L Wodka mit 40 Vol. %:
1000 ml × (40 % : 100) × 0,8 = 320 g Alkohol) × 1,25 = 400 ml
Der restliche Inhalt von Wodka ist Wasser.

Mischt man also nun einen Likör mit 1 L aus 0,7 L Wodka mit 40 Vol. % und anderen, nichtalkoholischen Ingredienzen, so enthält das Endprodukt (der fertige Likör) etwa 224 g reinen Alkohol. Das ist ein Volumen von 280 ml. Gemessen am Gesamtvolumen von 1 L wären das rund 28 Vol. %.
Da aber sowohl Zucker als auch Fruchtzucker, der in Obst, Säften oder Honig enthalten ist, den Alkoholgehalt eines Produktes (viele Stoffe haben selbst einen geringen Alkohol-Eigengehalt) verändern, ist die Angabe wie gesagt, nicht exakt! Man hat jedoch durch die Berechnung einen gewissen Überblick, wie viel Alkohol in dem selbst gemischten Likör enthalten ist, was besonders hinsichtlich Haltbarkeit aber auch Geschmack wichtig ist.
Nur wenn das Produkt gewerblich genutzt werden soll, schreibt die Kennzeichnungspflicht vor, den exakten Alkoholanteil anzugeben.

Übrigens gibt es die Möglichkeit der sogenannten „Kryoextraktion", bei der von einem Schnaps mittels starker Kältezufuhr (im Gefrierschrank) der Wasseranteil gefroren wird, während der Ethanolanteil flüssig bleibt. Dabei werden vorhandene Aromen zerstört. Ob dies für uns von Bedeutung ist, wird Ihnen selbst überlassen. Ein Testversuch ist jedoch immer interessant!

Läuterzucker und Invertzuckersirup

Bei der weiteren Verarbeitung des nun fertigen Ansatzes wird oftmals ein Zuckersirup hinzugefügt. Man kann sich diesen auch bereits vorher (gegebenenfalls auch in größeren Mengen) auf Vorrat herstellen, denn er hält sich kühl und dunkel aufbewahrt fast unbegrenzt. Dazu wird Wasser mit (raffiniertem Haushalts-) Zucker unter Rühren aufgekocht. Je nach gewünschter Konzentration nimmt man Zucker mit Wasser 1:1 bis 1:3. Sich absetzender Schaum, der aus Verunreinigungen besteht, kann man dann abschöpfen (läutern). Nach etwa 5 Minuten Kochvorgang schaltet man den Herd einfach aus und füllt den Sirup, sobald er nicht mehr kocht, in geeignete, saubere Fläschchen ab. In der weiteren Likörherstellung ist dies nicht nur sehr praktisch, sondern gibt dem Likör auch eine angenehme, samtige Konsistenz. Dabei muss man allerdings darauf achten, den Likör nicht zu überzuckern. Die Zuckerkonzentration kann mit Hilfe von Sirup leichter eingestellt werden. 1 Liter Läuterzucker 1:1 hat dabei eine Süßkraft von etwa 625 g Zucker.
Eine Variante des Läuterzuckers ist der sogenannte Invertzucker. Durch Zusatz von Zitronen- oder Weinsteinsäure und Natron (erhältlich in Drogerien und Apotheken) wird eine spätere Auskristallisierung des erkalteten Sirups verhindert und ein besonders sämiger, geschmacklich runder Sirup erhalten. Viele Süßspeisen, Desserts und Eis sowie auch von Likör sollen dadurch „runder" werden. Invertzuckersirup wird übrigens in der Lebensmittelindustrie oft als „Glukose-Fruktose-Sirup" bezeichnet. Er kann aber auch selbst hergestellt werden. Hier ist das Rezept:

Invertzuckersirup

500 g weißer Haushaltszucker
250 ml Wasser
¾ TL Weinsteinsäure oder Zitronensäure
¾ TL Natron (Backnatron, doppelsaures Natron)

Wasser, Zucker und die Säure in einem großen Kochtopf erhitzen. Nicht kochen lassen, die Temperatur konstant auf 75 bis 85°C halten. Gelegentlich umrühren. Nach 2 Stunden das Natron zufügen. Gut durchrühren, es findet eine heftige Schaumbildung statt (darum den großen Kochtopf!). Nun noch heiß abfüllen und kühl lagern oder weiter verwenden. Abgekühlt ist der Sirup dickflüssig, fast etwas zäh und weiß bis hellgelb.

Etwa die Hälfte bis ein Drittel der Zuckermenge kann durch fertigen Invertzucker ersetzt werden. Seine Süßkraft ist stärker als die von Läutersirup.

Ansetzen

Kräuter und Gewürze, Früchte oder Fruchtauszüge (Säfte) werden in Alkohol gelegt oder mit diesem vermischt, um die Aromen darin zu lösen. Je nach Alkoholgehalt und nach Art der Aromen dauert das unterschiedlich lange. Wärme spielt hierbei eine wichtige Rolle, denn bei Wärme (Zimmertemperatur reicht dabei meist aus) lösen sich die Aromen und Wirkstoffe schneller heraus. Besonders für Früchte ist dabei allerdings direktes Sonnenlicht eher schädlich, sie verfärben sich und werden leicht unansehlich. Dagegen lassen sich Kräuter, Blüten und Gewürze das Sonnenlicht meist gerne gefallen und geben brav ihre Aromen an den Alkohol ab.
Wie lange man dem Ansatz dann Zeit gönnen sollte, um zu ruhen, ist bei den einzelnen Rezepten angegeben. Die meisten Frucht- und Gewürzansätze werden allerdings durch längere Ruhezeiten noch besser im Geschmack. Ansatzzeiten von 1 bis mehreren Jahren kommen bei Spezialisten (und denjenigen, die es erwarten können) durchaus öfters vor!

Extrahieren

Um ein sogenanntes Extrakt, einen Auszug, herzustellen, benötigt man Alkohol (Ethanol, in der Medizin meist 70 Vol.-%) und Kräuter oder Gewürze. Dieser Extrakt bzw. diese Tinktur bildet die eigentliche Grundsubstanz unseres Likörs. Möglichkeiten, ein Extrakt zu gewinnen sind:

■ **Mazerieren**
Bei der Mazeration werden durch die Versetzung der Trägersubstanz mit Wasser oder Alkohol für einen bestimmten Zeitraum die gewünschten Farb- und Aromastoffe herausgelöst. Durch leichte Erwärmung (zum Beispiel durch direktes Sonnenlicht oder bei warmer Zimmertemperatur) wird dieser physikalische Prozess unterstützt und beschleunigt. Das Endprodukt nennt man Mazerat. Bei der Likörherstellung dient es oft als Basisaroma.

■ **Destillieren**
Sowohl in der professionellen Herstellung als auch in den Anfängen der Likörherstellung, die meistens in klösterlichen oder höfischen Küchen erfolgte, wurde und wird der Ansatz von Früchten und Gewürzen in Alkohol destilliert. So erhaltener Brand wird qualitativ noch feiner, noch hochwertiger, die Aromen besonders würzig. Doch steht dies den meisten Haushalten nicht zur Verfügung, insofern wird hier auf dieses Verfahren verzichtet.

Geeignete Gefäße und Abfüllen

Für Liköre eignen sich am besten Glasgefäße bzw. Flaschen. Man kann sie gut und vor allem sehr heiß ausspülen und gefüllt sehen sie hübsch aus. Am besten verwendet man Flaschen mit einem Drehverschluss, wenn sie länger aufgehoben werden sollen. Ein Korkverschluss macht sich besonders bei Likörflaschen, die als Geschenk dienen sollen, sehr gut. Jedoch werden sie im Laufe der Zeit brüchig und sind nicht wirklich hygienisch. Für Cremeliköre empfohlen wird daher der Drehverschluss. Für diese (und Eierliköre) ist ein etwas weiterer Flaschenhals übrigens empfehlenswert, denn sie sind recht dickflüssig und müssen vor dem Verzehr erst einmal gut geschüttelt werden.

Vor dem Einfüllen sind die Flaschen und die Verschlüsse gründlich zu säubern. Von Spülmittelresten gut ausspülen! Danach füllt man entweder kochend heißes Wasser ein und lässt es mindestens 10 Minuten darin. Dann schüttelt man das Wasser gut aus und stellt die Flasche auf den Kopf, bis sie verwendet wird. Alternativ kann man die saubere Flasche auch mit etwas Alkohol ausspülen und dann füllen – die teure Variante.

Bitte beachten Sie vor allem bei Sahne-, Eier- und Cremelikören unbedingt die Sauberkeit! Verwenden Sie gut gereinigte Gefäße zum Aufbewahren und desinfizieren Sie diese vor dem Einfüllen mit dem anschließend verwendeten Alkohol!

Lagern

Wir verwenden in unseren Rezepten keine Konservierungsmittel. Die Haltbarkeit wird durch den Gehalt von Zucker sowie vor allem durch den Alkohol gewährleistet. Frucht- und Gewürzliköre sollten in der Regel eine Ruhezeit bekommen, während der die Aromen „zusammenwachsen" wie bei einer Parfumkreation. Das hebt die Qualität unserer Eigenproduktion nochmals. Zu lange gelagerte Liköre neigen jedoch dazu, zu süß zu werden, daher ist der Verbrauch innerhalb der ersten 6 Monate zu Empfehlen.

Grundsätzlich gelten folgende Lagerzeiten:

Creme- Eier- und Sahneliköre:
Im Kühlschrank lagern, innerhalb von 4 Wochen aufbrauchen.

Fruchtliköre:
Kühl lagern, innerhalb von 6-12 Monaten aufbrauchen.

Gewürz- und Kräuterliköre:
Kühl lagern, innerhalb von 12 Monaten aufbrauchen.

Missgeschicke

Es kann jedem passieren: der Likör gerät nicht so, wie man ihn sich vorstellt – er schmeckt uns nicht oder die Konsistenz gefällt nicht. Halt, nicht gleich wegschütten! Vielleicht ist ja noch etwas zu retten …

Problem:

1. der Likör ist zu süß oder zu säuerlich
2. ein Gewürz schmeckt vor
3. es ist zu viel oder zu wenig Alkohol darin
4. er ist zu dünn- oder dickflüssig
5. irgendetwas passt nicht zusammen
6. die Flüssigkeit ist nicht klar genug

Lösung:

zu 1.: Verdünnen mit abgekochtem Wasser oder einem passenden Saft bzw. etwas Zucker oder Zuckersirup nachgeben.

zu 2.: Herausfinden, welches Gewürz vorschmeckt und „gegensteuern", das bedeutet, entweder mit einem anderen Gewürz oder mit Fruchtsaft den Geschmack in die gewünschte „Richtung" bringen. Erst mit einer Kleinstmenge austesten! Es gibt auch die Möglichkeit, mittels fester oder flüssiger Aktivkohle (Keltereibedarf), die in das Getränk gegeben wird, den Geruch und Geschmack neutraler zu steuern. Dabei werden allerdings auch die erwünschten Aromen neutralisiert, wenn man nicht vorsichtig genug ist! Anschließend wird der Likör wieder gefiltert.

zu 3.: Vorsichtig mit abgekochtem und abgekühlten (evtl. destilliertem) Wasser verdünnen bzw. etwas von dem verwendeten Alkohol nachgeben.

zu 4.: Ist der Likör unerwünscht dünnflüssig, hilft die Zugabe von Invertzucker-sirup oder Honig. Dadurch erhöht sich jedoch auch der Zuckergehalt, der Likör.

wird also süßer. Will man dies vermeiden, könnte man ihn auch andicken: mit etwas Johannisbrotkernmehl oder Stärke (mit etwas Wasser aufkochen, abkühlen lassen und einrühren). Oder man verwendet von vorne herein einen Sirup aus Traubenzucker und Malzzucker.
Ist der Likör dagegen zu dickflüssig, streckt man ihn einfach mit der entsprechenden Wasser / Alkohol-Mischung, bis die gewünschte Konsistenz erreicht ist. Darauf achten, dass diese Mischung nicht den Gesamtalkokolgehalt des Likörs unerwünscht erhöht.

zu 5.: Hier muss man selbst wie ein Sommelier herausschmecken, was genau nicht „stimmt“: man nimmt dazu ein kleines Gläschen und testet den Geschmack (am besten zusammen mit anderen Testpersonen). Fällt nichts Konkretes auf, so fängt man an, auszuprobieren, indem man erst etwas Zucker, dann Alkohol, dann Gewürze hinzufügt. Jedesmal aber genau protokollieren, was man verwendet und welche Menge davon! Ist nun das gewünschte Aroma erreicht, rechnet man um, wie viel für die gesamte Likörmenge erforderlich ist und würzt alles dem Verhältnis entsprechend.

zu 6.: Befinden sich doch noch ungewollt Schwebstoffe oder Trübungen im Likör, muss dieser noch einmal gefiltert werden. Die kann entweder passieren mittels eines Kaffeefilters, eines Mulltuchs, das angefeuchtet und in ein Sieb gelegt wird oder mit einem Dauerfilter aus Metall (für Kaffeemaschine, handelsüblich). Theoretisch kann man auch die Flasche länger stehen lassen, bis sich die Schwebstoffe abgesetzt haben, und den klaren Teil davon umschütten, während der trübe untere Absatz der Flasche durch einen Filter gegeben oder sogar weggeschüttet wird.

Basics

Besonders, wenn man öfters Likör herstellen möchte, ist es ratsam, bereits auf Vorrat Grundsirup zu kochen. Zusätzliches Aroma erhalten Liköre (aber auch Kuchen, Desserts, Eiscreme etc.) sehr einfach durch das vorherige Ansetzen von Vanille-, Gewürz-, und Kokosrum. Diese scheinen ewig haltbar zu sein, sind dabei noch viel gesünder und aromatischer als künstliche Geschmacksstoffe, außerdem superpraktisch in der Handhabung!

Heller, leichter Grundsirup:
300 ml Wasser
200 g weißer Zucker
1 Flasche, 350 ml

Die Zutaten in den Mixbecher geben und **20 Min./100 Grad/Stufe 1** ohne Messbecher kochen. Noch heiß in eine vorher mit kochendem Wasser ausgespülte Flasche abfüllen und sofort verschließen. Hält sich mehrere Monate lang.

Dunkler, leichter Grundsirup:
300 ml Wasser
200 g brauner Rohrzucker
1 Flasche, 350 ml

Die Zutaten in den Mixbecher geben und **20 Min./100 Grad/Stufe 1** ohne Messbecher kochen. Noch heiß in eine vorher mit kochendem Wasser ausgespülte Flasche abfüllen und sofort verschließen. Hält sich mehrere Monate lang.

Heller, dicker Grundsirup:
300 ml Wasser
220 g weißer Zucker
1 Flasche, 380 ml

Die Zutaten in den Mixbecher geben und **18 Min./120 Grad (TM31 Varoma)/ Stufe 1** ohne MB kochen. Noch heiß in eine vorher mit kochendem Wasser aus-gespülte Flasche abfüllen und sofort verschließen. Hält sich mehrere Monate lang. Sollte der Sirup später auskristallisieren, stellt man die verschlossene Flasche in heißes Wasser, bis er wieder ganz flüssig ist. Anschließend verwenden!

Dunkler, dicker Grundsirup:
Wie heller, dickflüssiger Grundsirup, jedoch braunen Rohrzucker verwenden.

Kokosrum:
Kokosraspeln, möglichst frisch und Bio-Qualität
Guter Rum, 40 Vol. %
1 Ansatzgefäß mit breitem Hals

Das Ansatzgefäß zu 1/3 mit Kokosraspeln füllen. Mit dem Rum aufgießen, so dass die Raspeln etwa doppelt bedeckt sind (sie saugen sich etwas voll). Nun verschließen und mindestens 4 Wochen lang ruhen lassen. Wird zwischendurch etwas von dem Rum benötigt, entnehmen und mit Rum wieder auffüllen, so dass die Raspeln alle bedeckt sind. Man kann so den Kokosrum auch für Monate stehen lassen und immer wieder auffüllen, je länger er steht, desto aromatischer wird er. Je nach entnommener Menge des Rums müssen die Kokosraspeln nach einiger Zeit ausgewechselt werden (gut durchdrücken), da sie ihr ganzes Aroma abgegeben haben.

Vanillerum:
½ L Rum, 40 Vol. %
3 Vanilleschoten
0,5 L Flasche

Die Vanilleschoten längs mit einem scharfen Messer aufschlitzen und leicht aufbiegen. Dann jede Schote dritteln und in den Rum geben. Nun verschließt man die Flasche und lässt die Schoten darin. Nach 14 Tagen kann man die benötigte Menge an Rum entnehmen, wobei die Schoten immer bedeckt sein müssen, weshalb man einfach etwas frischen Rum, am besten dieselbe Sorte, nachfüllt. Auch bereits „gebrauchte" Vanilleschoten, sauber abgespült, können dem Vanillerum noch zugegeben werden. Als konzentriertes Extrakt ist er übrigens noch aromatischer als Vanillezucker.

Gewürzrum:
250 ml guter Rum, 40 Vol. %
1 Zimtstange
10 Gewürznelken
2 Pimentkörner
1 Kardamomkapseln
5 Koriandersamen
2 Muskatblüten, ganz
1 Ansatzgefäß mit etwas breiterem Hals

Die Gewürze im Mixbecher **5 Sek./Stufe 10** mit MB grob zerstoßen. Die Gewürze sollen nicht zu fein sein, dann lässt sich der Rum angenehmer entnehmen. In die Flasche füllen (mit einem Trichter mit breiter Öffnung z.B. oder über gefaltetes Papier hinein gleiten lassen). Dann mit dem Rum auffüllen und verschließen. Nach 7 – 10 Tagen kann der erste Gewürzrum bereits verwendet werden. Immer nur die Flüssigkeit entnehmen, nicht die Gewürze! Wieder auffüllen, so dass die Menge an Rum immer konstant bleibt. Dieser Gewürzansatz ist sehr intensiv und kann mindestens bis zu 1 Jahr immer wieder verwendet werden (bei „normalem" Haushaltsbedarf).

Rezepte

Sahniges und Cremiges

Pistazientraum

Für etwa 0,7 L Likör

100 g Pistazienkerne

100 g Mandeln, abgezogen

50 ml Vanillerum

100 g Akazienhonig

150 ml Wasser

Ca. 150 ml heller, leichter Grundsirup

200 ml weißer Rum, 40 Vol. %

1. Die Pistazien und die Mandeln in ein Sieb geben und mit kaltem Wasser kurz durchspülen. Dann mit 150 ml Wasser in eine Schüssel geben und mehrere Stunden lang (maximal über Nacht) abgedeckt einweichen.
2. Eingeweichte Nüsse mit der Einweichflüssigkeit in den Mixtopf geben und **10 Sek./Stufe 6** mit MB pürieren. Vanillerum, weißen Rum und Akazienhonig sowie 100 ml Grundsirup zugeben und nochmals **10 Sek./Turbostufe** mit MB mixen. Alles durch ein feines Sieb streichen, damit der Likör schön samtig wird. Mit dem restlichen Grundsirup nach Geschmack süßen (lieber etwas sparsam sein, der Likör zieht nach).
3. Die Flaschen mit kochendem Wasser ausspülen. Den Likör dann abfüllen (Flaschen nicht ganz voll machen), verschließen und kühl stellen. Innerhalb von etwa 4 Wochen verbrauchen. Im Kühlschrank lagern und vor dem Einschenken immer gut durchschütteln.

Zitronen-Eierlikör

Für 500 ml Likör

150 g Bio-Zitrone (ca. 1 Stück)
200 g Zucker
3 EL Puderzucker
5 Eigelb
250 ml guter Weinbrand,40 Vol. %
1 Messerspitze gemahlene Vanille

Am besten innerhalb von 3 Wochen aufbrauchen! Durch die Verwendung der ganzen Zitrone bekommt der Likör eine sehr aromatische, leicht bittere Note

1. Die Zitrone mit heißem Wasser gründlich abwaschen und trocknen. Die Schale der halben Zitrone mit einer Reibe abreiben. Die Zitrone in 2 Hälften schneiden, die weiße Haut einer Hälfte rundherum wegschneiden. Das Fruchtfleisch sowie die andere Hälfte ganz in grobe Würfel schneiden (Kerne entfernen). Mit der Hälfte vom Weinbrand in den TM geben. **20 Sek./Stufe 10** mit MB pürieren, in einen Kunststoffbecher umfüllen und 20 Minuten lang ruhen lassen.
2. TM sehr gründlich ausspülen und abtrocknen. Den Schmetterlings – Rühraufsatz einsetzen. Die Eigelb und den Zucker hinein geben und **2 Min./Stufe 4/ Linkslauf** mit MB cremig schlagen. Vanille zugeben, nochmals **2 Sek./Stufe 4** mixen.
3. Die Zitronenmasse durch ein Sieb passieren, gut durchdrücken. Nochmals durch ein feineres Sieb laufen lassen. Zur Eiermasse geben, **2 Sek./Stufe 4/Linkslauf** mixen. In einen Messbecher umfüllen und mit dem restlichen Weinbrand auf 500 ml auffüllen. In sehr saubere Flaschen füllen und im Kühlschrank lagern.

Eierlikör mit Sahnehäubchen

Dulce di Leche Likör

Für 1,25 L Likör

0,75L Weinbrand, 40 Vol. %

750 ml Vollmilch

mit 3,8 % Fettanteil

250 Sahne

240 g Zucker

1 EL Agavendicksaft

Mark 1 Vanilleschote

10 g Orangenzucker

1 TL Zitronenschale, gemahlen

1 Prise Salz

Dulce di Leche ist eine argentinische Spezialität. Diese Karamellcreme wird dort als Brotaufstrich, für Süßspeisen und Kuchenfüllungen verwendet. Sie schmeckt recht süß!

1. Milch und Sahne in den TM geben. Vanillemark, Salz und Zucker sowie den Agavendicksaft zugeben. **10 Sek./Stufe 4** mit MB vermischen.
2. **100 Min./90 Grad/Stufe 2** ohne MB reduzieren lassen. Varoma zuschalten und aufkochen. Sofort ausschalten, wenn die Milch hochkocht, damit nichts überläuft. Nun weitere **50-60 Min./90 Grad/Stufe 2** ohne MB einkochen lassen, dabei alle 10 Minuten kurz den Varoma zuschalten und wie vor aufkochen lassen. Sobald die Masse nicht mehr überkocht, kann man den Varoma angeschaltet lassen. Die Milch wird solange reduziert, bis sie hellbraun und sämig ist und ein Volumen von 500 ml hat. Eventuell also noch etwas länger einkochen lassen.
3. Das Zitronenschalenpulver zugeben und den Orangenzucker und das Ganze nochmals **10 Sek./Stufe 5** mit MB mixen (sehr heiß!). Durch ein Sieb in eine hitzebeständige Schüssel oder Becher (am besten aus Edelstahl) schütten und 15 Minuten abkühlen lassen. Dabei immer wieder umrühren. Den TM gut ausspülen.
4. Die Creme wieder in den TM geben und mit dem Weinbrand auffüllen. **10 Sek./Stufe 5** mit MB vermengen und durch ein Sieb filtern, dann in vorher gereinigte Flaschen abfüllen.

Schokoladen-Karamell-Likör

Für etwa 500ml Likör

200 ml Whisky, 40 Vol. %

150 g Brauner Rohrzucker

70 g weißer Zucker

1 Tonkabohne

40 g Zartbitter-kuvertüre, gehackt

100 ml Espresso-kaffee, frisch gebrüht

(= 2 Espressotassen)

250 g H-Sahne (TM 31: 200 g!)

1 TL Butter

Die angegebene Menge darf v. A. beim TM 31 nicht erhöht werden, sonst kocht alles über! Für eine größere Menge bitte zweimal kochen... Nach dem Abfüllen den Mixtopf unbedingt sofort heiß ausspülen und säubern!

1. Eine saubere Flasche mit dem abgemessenen Whisky zum Desinfizieren füllen (diesen geben wir später in den Sirup).
2. Die Tonkabohne halbieren und mit dem braunen und dem weißen Zucker in den Mixtopf wiegen. **15 Sek./Stufe 10** mit MB mahlen. Kurz ruhen lassen, bis sich der Staubzucker etwas gelegt hat, dann mit einem Küchenpinsel nach unten schieben.
3. Espresso, Butter und Sahne zugeben und alles **10 Min./100 Grad/Stufe 2** ohne MB kochen. Danach nochmals **10 Min./Varoma/Stufe 2** ohne MB karamellisieren lassen. Bitte dabei aufpassen, damit nichts überkocht!
4. Anschließend **15 Min./Stufe 1** ohne MB rühren lassen, bis der Sirup etwa 70 Grad hat. Nun die gehackte Schokolade zufügen und **1 Min./Stufe 2** auflösen lassen. Mixtopf öffnen und nachsehen, ob die Schokostücke gut geschmolzen sind. Mixtopf **1 Min./Stufe 2** ohne MB laufen lassen, dabei den Whisky durch die Deckelöffnung zulaufen lassen.
5. Durch ein feines Sieb in die vorbereitete Flasche füllen (oben etwas Platz lassen zum Schütteln), verschließen. Im Kühlschrank lagern, vor dem Genuss kräftig durchschütteln. Innerhalb von 4 Wochen verbrauchen.

Eierlikör

Für etwa 1 L Likör

6 Eigelb, Größe L

200 g Zucker

Mark 1 Vanilleschote

200 g Kaffeesahne, 10 %

1 Prise Salz

170 ml Weinbrand, 40 Vol. %

40 ml Orangenlikör

Für einen zuckerfreien Eierlikör verwendet man 200-230 g Xylit (Birkenzucker, Xylitol) statt des weißen Haushaltszuckers. Die Zubereitung ist dann dieselbe

1. Zucker (oder Xylit) mit dem Vanillemark in den Thermomix® geben und **15 Sek./ Stufe 10** mit MB pulverisieren.
2. Eigelb und Salz zufügen und **5 Sek./Stufe 4** mit MB rühren. Die Sahne zugießen und **16 Min./70 Grad/Stufe 3** mit MB erhitzen. Auf Stufe 3 weiterrühren, bis die Eiermilch abgekühlt ist.
3. Weinbrand und Orangenlikör durch die Deckelöffnung in einem langsamen Strahl einlaufen lassen, während auf **Stufe 2-3** ohne MB gerührt wird (wie bei Majonnaise). Flaschen und Deckel mit kochendem Wasser ausspülen. Leicht abkühlen lassen und den Eierlikör mit einem Trichter abfüllen. Nicht ganz bis oben hin füllen, damit sich die Flasche vor dem Genuss gut schütteln lässt. Im Kühlschrank aufbewahren. Innerhalb von 3 Wochen verbrauchen.

Eierlikör lässt sich prima variieren:

- **Eier-Kirschlikör:** mit 210 ml Kirschbrand statt dem Weinbrand und dem Orangenlikör
- **Eierlikör mit Rosmarin:** in jede Flasche 1 kleinen Zweig Rosmarin einlegen, der darin bleibt
- **Eierlikör mit Orangenaroma:** 1 TL geriebene Orangenschale in die Eiermasse geben
- **Eierlikör mit Beeren:** 1-2 EL Himbeer-, Erdbeer- oder Heidelbeermark gut mit der Eiermilch verrühren
- **Eierlikör mit Tonkabohnen:** statt dem Vanillemark werden 1-2 Tonkabohnen mit dem Zucker pulverisiert
- **Eierlikör mit Honig:** der Zucker wird durch 180-200 g Blütenhonig ersetzt und mit dem Vanillemark und der Sahne den angerührten Eigelben zugesetzt

Mohngeheimnis

Für etwa 1,2 L Likör

60 g Mohnsamen

200 ml Kaffeesahne, 10 %

1 EL Vanillezucker

70 g Puderzucker

0,5 L weißer Rum,

38 - 40 Vol. %

1 TL Kakaopulver

1. Den Mohn in einer Pfanne bei mittlerer Hitze trocken rösten, bis er duftet. Etwas abkühlen lassen. In den TM geben und **1 Min./Stufe 9** mit MB mahlen. Kaffeesahne zugeben und **10 Sek./Stufe 5** mit MB durchmischen.
2. Vanillezucker und Puderzucker zugeben und **5 Min./70 Grad/Stufe 2** mit MB erwärmen. Kakaopulver darin auflösen. Unter Rühren abkühlen lassen unter 37 Grad (auf Stufe 2).
3. Rum zugeben, nochmals **5 Sek./Stufe 5** mit MB mixen. In ausgekochte Flaschen füllen, dabei nicht ganz voll machen, damit der Likör vor dem Gebrauch geschüttelt werden kann. Im Kühlschrank lagern, innerhalb von 4 Wochen verbrauchen.

Weihnachtlicher Nugatlikör

Für etwa 1 L Likör

180 g Zucker

500 g Kaffeesahne 10 %

100 g Nussnugat

1 TL Zimt, gemahlen

¼ TL Muskatnuss

1 TL Nelken, gemahlen

200 ml Rum

50 ml Vanillerum

1. Nugat würfeln, mit der Sahne, Zucker, Vanillezucker und den Gewürzen in den Mixtopf geben. **10 Min./80 Grad/Stufe 1** ohne MB rühren, bis alles gut gelöst ist. Weiterrühren auf **Stufe 1** und auf 37 Grad abkühlen lassen.
2. **2 Min./Stufe 4** mit MB rühren, dabei den Rum und Vanillerum zugeben. In eine saubere Flasche füllen und über Nacht in den Kühlschrank stellen. Anderntags durch ein Sieb filtern und in sterile Fläschchen abfüllen. Kalt lagern; innerhalb von 6 Wochen aufbrauchen.

Lemoncurd Likör

Für etwa 1 L Likör

Saft und geriebene Schale von 2 Bio-Zitronen
150 g Zucker
50 g Butter
2 Eier, Größe M
1 Prise Salz
1 Prise gemahlene Vanille
0,5 L Grappa, 40 Vol. %

1. Alle Zutaten bis auf den Alkohol in den TM geben. **16 Min./90 Grad/Stufe 2** ohne MB eindicken. Mit Messbecher **20 Sek./Stufe 6** durchrühren.
2. Auf **Stufe 2** ohne MB rühren lassen, bis die Masse noch handwarm ist. Auf **Stufe 3** mit MB den Alkohol in einem langsamen Strahl einlaufen lassen, bis alles cremig und homogen ist. Die Flaschen mit kochendem Wasser ausspülen und den Likör (nicht ganz voll) abfüllen. Verschließen und über Nacht im Kühlschrank nachziehen lassen. Im Kühlschrank lagern und innerhalb von 6 Wochen aufbrauchen. Vor dem Servieren schütteln!

After Dinner Likör

Für etwa 0,75 L Likör

200 g Schoko-Minz-Tafeln (od. dunkle Kuvertüre und 5-10 Tropfen Minzöl)
200 g Zucker
200 ml Kaffeesahne, 10 %
400 ml Doppelkorn oder Wodka, mind. 38 Vol. %

1. Zucker in den TM geben und **10 Sek./Turbostufe** mit MB zu Puderzucker mahlen.
2. Kaffeesahne und Schokotafeln zugeben und **6 Min./37 Grad/Stufe 2** mit MB schmelzen.
3. 200 ml Korn zugießen und **10 Sek./Stufe 5** mit MB rühren. Den Rest zugeben, nochmals **5 Sek./Stufe 3** mit MB mischen. In mit kochendem Wasser ausgespülte Flaschen füllen und kalt stellen. Im Kühlschrank aufbewahren und innerhalb von 4 Wochen verbrauchen. Vor dem Verbrauch schütteln.

Erdbeersahnelikör

Für etwa 1 L Likör

200 g geputzte Erdbeeren

½ TL Zitronenschale (Bio-Zitrone)

100 g Zucker

50 ml Granatapfelsirup

(alternativ ein Kräutersirup

aus Melisse, Minze oder Rosmarin)

200 g Sahne

½ TL Vanille, gemahlen

400 ml weißer Rum, 40 Vol. %

Crushed Eis dazu – fertig ist ein fruchtig-cremiger Sommercocktail ...

1. Die Erdbeeren waschen und putzen. Mit der Zitronenschale in dem TM geben und **8 Sek./Stufe 6** mit MB pürieren. Entweder dann durch ein feines Sieb geben, um die Kerne zu entfernen, und dann wieder in den ausgespülten Mixbecher geben. Oder nochmals **10 Sek./Turbostufe** mit MB mixen.
2. Erdbeermus, Zucker, Granatapfelsirup, Vanille und Sahne in den TM füllen und **6 Min./80 Grad/Stufe 2** mit MB erhitzen. 15 Minuten abkühlen lassen, dann den Rum bei Stufe 2 langsam durch die Deckelöffnung hinein laufen lassen.
3. Die Flaschen mit kochendem Wasser ausspülen. Den Likör dann abfüllen (Flaschen nicht ganz voll machen), verschließen und kühl stellen. Innerhalb von etwa 4 Wochen verbrauchen. Im Kühlschrank lagern und vor dem Einschenken immer gut durchschütteln.

Likör von der weißen Schokolade

Für etwa 0,5 L Likör

250 ml Sahne
100 g weiße Kuvertüre
(z. B. Callebault oder Valrhona, also hochwertig!)
½ Vanilleschote
50 g Zucker
250 ml Cachaça (Zuckerrohrschnaps)

Dieser Likör kann ebenso als Variante mit dunkler Schokolade gekocht werden: je nach Schokoladenart benötigt man dann etwas mehr Zucker

1. Vanilleschote und Sahne in den TM geben. **10 Min./80 Grad/Stufe 2** mit MB erhitzen. Dann den Zucker zugeben und auf unter 50 Grad abkühlen lassen. Die Kuvertüre zugeben und darin auflösen. **10 Sek./Stufe 5** mit MB durchrühren.
2. Den Cachaça durch die Deckelöffnung hinein laufen lassen. Die Flaschen mit kochendem Wasser ausspülen. Den Likör dann bis etwa 5 cm unter den Flaschenhals abfüllen, verschließen und kühl stellen. Im Kühlschrank lagern und vor dem Einschenken gut durchschütteln. Hält sich gekühlt gelagert etwa 4 Wochen.

Maracuja-Marzipan Likör

Für etwa 1 L Likör

0,5 L weißer Rum, 40 Vol. %

1 unbehandelte Zitrone

125 g Mandeln, geschält ganz

150 g Puderzucker

3 Tr. Bittermandelöl

1 TL Rosenwasser

0,8 L Maracujasaft

1 Vanilleschote

50 ml H-Sahne

Wer ganz sicher gehen will, dass sich ja kein Klümpchen mehr im Likör befindet, gibt ihn vor dem Abfüllen noch durch ein Sieb

1. Mandeln in den TM geben und **30 Sek./Stufe 10** mit MB fein mahlen lassen. Puderzucker, Bittermandelöl und Rosenwasser zugeben und nochmals einige Sekunden lang auf **Stufe 10** mit MB mahlen, bis es nach Marzipan duftet und die Mandelmasse teigartig ist. In eine Schüssel umfüllen.
2. Maracujasaft mit der abgeriebenen Zitronenschale in den TM geben. Vanilleschote längs einritzen, das Mark herauskratzen und zusammen mit der Vanilleschote zugeben. Alles **60-70 Min./Stufe 2/100 Grad** ohne MB auf 400 ml reduzieren. Zitrone auspressen und den Saft zugeben. Vanilleschote entfernen.
3. Mandelmasse und Sahne nun zugeben und **1 Min./Stufe 5** mit MB durchmixen. Abkühlen lassen. Nun den Rum hinein schütten und **20 Sek./Stufe 4** mit MB rühren. In vorher gut gereinigte Flaschen nicht ganz voll füllen und verschlossen noch 3 Tage im Kühlschrank lagern, bevor der Likör verzehrt wird. Innerhalb von 4-6 Wochen verbrauchen. Vor dem Servieren aufschütteln!

Mandelsahne Likör

Für 1 L Likör

150 g brauner Zucker

400 ml Kaffeesahne, 10 %

100 ml Wasser

100 g abgezogene weiße Mandeln

3 Tr. Bittermandelöl

1 Vanilleschote

0,6 L Weinbrand, 40 Vol. %

Variation:
Stellen Sie den Mandelsahne auch einmal mit gesalzenen und gerösteten Mandeln her – ungewohnt, aber auch lecker!

1. Die Vanilleschote der Länge nach mit einem scharfen Messer aufschlitzen und das Mark herauskratzen. Die Mandeln und den Zucker in den TM geben und **15 Sek./Stufe 10** mit MB fein mahlen.
2. Mit dem Wasser und der Kaffeesahne aufgießen und das Vanillemark zugeben. **18 Min./ 90 Grad/Stufe 2** mit MB köcheln.
3. Ausschalten und auf 37 Grad abkühlen lassen.
4. Weinbrand und Bittermandelöl hinein gießen und **10 Sek./Stufe 3** mit MB vermischen. Über Nacht abgedeckt stehen lassen. Am nächsten Tag durch ein feines Sieb filtern. In saubere Flaschen bis 5 cm unter den Flaschenhals füllen. Verschlossen 2-3 Tage im Kühlschrank lagern, dann innerhalb von 4-6 Wochen verbrauchen. Vor dem Servieren gut schütteln!

Maronenlikör

Für etwa 2,2 L Likör

800 g Maronen

0,6 L Wasser

450 g brauner Rohrzucker

200 ml Sahne

1 Vanilleschote

5 Nelken

5 ganze Kaffeebohnen

0,5 L Grappa, 38-40 Vol. %

0,5 L Weinbrand, 40 Vol. %

1. In die Maronen mit einem scharfen Messer ein Kreuz einschneiden und auf ein Backblech geben. Im Backofen geben 30 Minuten lang auf 180 Grad rösten. Herausnehmen und mit einem feuchten Tuch kurz abdecken, dann schälen und auch die brauen Haut dabei entfernen.
2. Wasser, Zucker, aufgeschlitzte Vanilleschote und die Nelken in den Mixtopf geben. **18 Min./120 Grad /TM31 Varoma)/Stufe 1** mit MB köcheln. Durch ein Sieb filtern, dann wieder in den gespülten Mixbecher zurück schütten. Die geschälten Maronen und die Sahne zugeben und **1 Min./Stufe 6** mit MB feincremig pürieren.
3. Abkühlen lassen, dann den Grappa und den Weinbrand zugeben. **5 Sek./Stufe 5** mit MB durchmischen. Die Flaschen sehr gut reinigen, den Likör dann abfüllen. Nach 1 Woche Ruhezeit, gut gekühlt gelagert, ist der Likör verzehrbereit. Vor dem Servieren schütteln!

Bananencremelikör

Ergibt etwa 0,7 L

100 g Bananenfruchtfleisch (reif)

100 ml Kokosmilch

Abgekochtes Wasser

350 ml weißer Rum, 40 Vol. %

50 g Blütenhonig oder Agavendicksaft

Die Zugabe von gefiltertem Zitronensaft macht den Likör etwas fruchtiger

1. Banane schälen und in 6 Stücke schneiden. In den Mixtopf geben. Die Kokosmilchdose vor dem Öffnen durchschütteln. 100 ml abmessen und mit dem Honig zur Banane geben.
2. **10 Sek./Stufe 10** mit MB fein pürieren, eventuell wiederholen. Das Fruchtpüree durch ein feines Sieb drücken und, wenn nötig, mit dem abgekochten Wasser auf 300 ml auffüllen. Rum einrühren und abfüllen. Im Kühlschrank lagern, vor dem Servieren gut durchschütteln. Innerhalb von 6 Wochen aufbrauchen.

Schwarzwälder Sahnelikör

Für etwa 1 L Likör

275 g Sahne

100 ml Kirschsaft

200 g Zucker

2 EL Schokotropfen, zartbitter

1 Vanilleschote

0,5 L Kirschwasser, 40 Vol. %

1. Vanille längs aufschlitzen und das Mark ausschaben. Schote halbieren; mit dem Mark, Zucker, Sahne und Kirschsaft in den TM geben. **12 Min./90 Grad/Stufe 2** ohne MB rühren, abschalten und auskühlen lassen.
2. Durchfiltern, Kirschwasser und Schokotropfen einrühren. Flaschen mit kochendem Wasser ausspülen. Abkühlen lassen, damit die Schokolade nicht schmilzt. Likör abfüllen, Nicht länger als 4-6 Wochen im Kühlschrank lagern. Vor dem Servieren aufschütteln.

Passionsfruchtlikör

Ergibt 0,7 L Likör

4 Passionsfrüchte

170 g Krümelkandis

100 ml Wasser

1 Prise gemahlene Vanille

0,35 L Marillengeist, 36-40 Vol. %

1. Passionsfrüchte aufschneiden und die Kerne mit dem Saft herauskratzen. Wir benötigen etwa von 80-100 g Fruchtfleisch.
2. Fruchtfleisch nun mit der Vanille, dem Wasser und dem Krümelkandis in den TM geben. **12 Min./120 Grad (TM31 Varoma)/Stufe 2** ohne MB köcheln. Ausschalten und auf 37 Grad abkühlen lassen.
3. Wer die Kerne nicht im Likör haben will, filtert das Ganze nun durch ein Sieb. Dann mit dem Marillengeist gründlich vermischen. Nach Geschmack noch mit etwas Puderzucker nachsüßen (nur wenig, der Likör zieht nach!). Dann in eine saubere Flasche abfüllen und verschließen. Am besten noch kühl 2-3 Wochen lang ruhen lassen vor dem Verbrauch.

Pflaumen-Zimt-Likör

Ergibt etwa 1 L Likör

250 g Pflaumen, entkernt und geviertelt
300 ml Apfelsaft
Saft ½ Zitrone
¼ TL Zimt
150 g brauner Zucker
1 TL Vanillezucker
1 TL Orangen- oder Zitronenschale, gerieben (bio)
0,5 L Pflaumenbrand, 36-40 Vol. %

Ein zartes Mandelaroma erhält man, wenn man dem Likör bei der Ruhezeit die Pflaumenkerne zugibt. Danach entfernen!

1. Die geschnittenen Pflaumen mit dem Apfelsaft und dem Zucker in den TM geben. Vanillezucker, Zimt und Zitronensaft zugeben und **12 Min./100 Grad/Stufe 2** mit MB kochen lassen.
2. Die Zitronen- oder Orangenschale zugeben und alles **15 Sek./Stufe 7** mit MB pürieren. 1 Stunde lang auskühlen lassen.
3. Den Pflaumenbrand zuschütten und **10 Sek./Stufe 5** mit MB rühren. In eine Flasche bzw. ein verschließbares Gefäß schütten und 3 Tage lang an einem kühlen Ort ruhen lassen.
4. Durch ein feines Sieb filtern, danach nochmals durch ein Tuch geben, bis die Flüssigkeit klar ist. In gereinigte Flaschen abfüllen und verschlossen am besten noch 2-3 Wochen lang nachruhen lassen. Hält sich etwa 10-12 Monate.

Mangostan-Zitronen-Likör

Ergibt 300 ml Likör

100 g Zucker

25 g Zitronensaft

abgeriebene Schale ½ Bio-Zitrone

4 Mangostan-Früchte

100 ml Wasser

150 ml Grappa, 40 Vol. %

50 ml Maraschinolikör

Diesen Likör bereiten wir aufgrund des eher hohen Preises für Mangostan nur in einer kleinen Menge zu. Genauso gut lässt sich dieses Rezept selbstverständlich in größeren Mengen herstellen: ein exclusives Geschenk!

1. Die Mangostan aufschneiden und das weiße Fruchtfleisch mit den Kernen (ohne die rötliche Haut unter der Schale) heraus nehmen. Wir benötigen davon 100 g.
2. Die Zitronenschale mit dem Zucker in den TM geben und **30 Sek./Stufe 10** mit MB pulverisieren. Zitronensaft und Wasser zugeben, das Mangostanfruchtfleisch zufügen. **12 Min./120 Grad (TM31 Varoma)/Stufe 1** mit MB köcheln lassen.
3. **15 Sek./Stufe 6** mit MB pürieren. Danach das Fruchtpüree durch ein sehr feines Sieb drücken (geliert schnell). Bei der angegebenen Rezeptmenge hat man so etwa 2-3 EL Fruchtmus erhalten. Sobald der Mixbecher vom TM nur noch lauwarm ist, den Grappa hinein laufen lassen um die Fruchtreste damit aufzunehmen. Zu den anderen Fruchtresten im Sieb schütten und nochmals mit einem kleinen Löffel durchdrücken. Ganz abkühlen lassen und den Maraschino einrühren. Gut vermischen und in eine saubere Flasche abfüllen. Kühl lagern und vor dem Genuss 1 Woche lang ruhen lassen.

Hugolino

Ergibt etwa 1 L Likör

10 Dolden Holunderblüten (mittags gepflückt)
1 EL Melissenblätter
1 EL Minzblätter
600 g heller Rohrzucker
2 Limetten, unbehandelt
700 ml Wasser
0,7 L Cachaça

Dieser Likör schmeckt nach Frühling... Aufgegossen mit prickelndem Mineralwasser ist er ein wenig stärker als der übliche Hugo-Cocktail, aber sehr lecker und spritzig. Für noch mehr „Wums", also eine höherprozentige Variante, nimmt man Prosecco

1. Dicke Stängel von den Holunderblüten abschneiden. Kleine Käfer und Tierchen vorsichtig aus den Blüten herausschütteln. Die Blüten in eine hitzefeste Schüssel oder ein Ansatzgefäß füllen.
2. Die Limetten waschen und abtrocknen, eine davon in dünne Scheiben schneiden und zu den Holunderblüten schichten.
3. Die Melisse und die Minzblätter mit kaltem Wasser abbrausen, trocken schütteln. Grob hacken und in den Thermomix® geben. Den Saft der zweiten Limette auspressen und mit der abgeriebenen Schale (nur den grünen Teil!) zugeben. Mit dem Wasser auffüllen, Zucker einrieseln lassen. **20 Min./100 Grad/ Stufe 1** ohne MB kochen, dann über die Holunderblüten schütten. Abgedeckt 24 Stunden lang ruhen lassen.
4. Alles durch ein Sieb, dann nochmals durch ein feuchtes Mulltuch filtern. 600 ml vom Sirup abmessen und nochmals 100 ml abgekochtes Wasser zugeben. Den Cachaça einrühren und den Likör in saubere Flaschen einfüllen. Übrige Sirupreste in ein mit kochendem Wasser ausgespültes Fläschchen füllen und für späteren Gebrauch kühl lagern.

Cranberry-Birnen-Likör mit Rosmarinparfum

Ergibt etwa 0,7 L Likör

200 g frische Cranberries

200 g brauner Rohrzucker

1 Zweig Rosmarin

120 g Wasser

250 ml Birnenbrand, 36-40 Vol. %

1. Die Cranberries waschen und abtropfen lassen. In den Thermomix® füllen. Zucker, Wasser und Rosmarinzweig zugeben. **12 Min./100 Grad/Stufe 1** köcheln lassen.
2. Rosmarin aus dem Fruchtmus entfernen. Die Masse **5 Sek./Stufe 5** mit MB, dann nochmals 10 Sek./Stufe 10 fein pürieren. Im Thermomix® auskühlen lassen.
3. Die Hälfte vom Birnenbrand zugeben und **10 Sek./Stufe 5** mit MB vermischen. Durch ein feines Sieb in ein Mixgefäß geben. Den ausgepressten Fruchtrückstand mit dem restlichen Brand zurück in den Thermomix® geben und erneut **20 Sek./Stufe 10** mit MB pürieren. Nochmals durch das Sieb in den Mixtopf streichen und alles verrühren, so wird der Likör sehr feincremig. Durch den hohen Pektingehalt der Früchte ist er relativ dickflüssig. Dann füllt man den Likör mit einem Trichter in Flaschen ab. Am besten noch 1-2 Wochen lang verschlossen kühl und dunkel lagern, bevor der Likör verwendet wird.

Himbeer-Sekt-Likör

Für etwa 1 L Likör

300 g Himbeeren, frisch oder TK

200 g Zucker

200 ml Sekt, trocken

1 Zitrone, unbehandelt

1 Zweig Minze

300 ml weißer Rum, 40 % Vol.

1. Die Zitrone mit heißem Wasser abwaschen und abtrocknen. Die Schale mit einer Reibe oder einem Zestenreißer abraspeln. Die Minze waschen und die Blättchen fein hacken. Die Himbeeren putzen und mit der Zitronenschale, der Minze und dem Zucker in den TM geben. Mit dem Sekt aufgießen und 1 Stunde lang ziehen lassen.
2. Die Fruchtmischung nun **12 Min./100 Grad/ Stufe 3** mit MB köcheln lassen. Danach etwas abkühlen lassen und **1 Min./Stufe 10** mit MB fein pürieren. Ganz auskühlen lassen.
3. Die Flaschen und Deckel säubern, mit kochendem Wasser ausspülen und abkühlen lassen. Den Rum in das Himbeermus geben und **10 Sek./Stufe 4** mit MB vermischen. Wer keinerlei Fruchtrückstände im Likör haben will, gibt das Ganze durch ein Sieb, bevor er es in die sauberen Flaschen füllt. Verschlossen am besten im Kühlschrank aufbewahren und auch gekühlt servieren.

Apricot Brandy

Für etwa 1 L Likör

0,75 L Brandy

oder Cognac, 40 Vol. %

300 g frische Aprikosen

1 EL Orangenschale (bio)

100 g brauner Rohrzucker

75 ml Orangensaft, frisch gepresst

1. Die Aprikosen waschen, entsteinen, vierteln. Mit dem Orangensaft und dem Zucker in den Thermomix® geben. **15 Min./100 Grad/Stufe 2** ohne MB kochen lassen. Anschließend bei **Stufe 2** solange rühren, bis die Fruchtmasse ausgekühlt ist (maximal handwarm).
2. Den Alkohol zugeben und das Ganze in eine Flasche oder ein Gefäß aus Glas mit weitem Hals umfüllen. Abgedeckt 24 Sunden lang ruhen lassen.
3. Die Flaschen vorbereiten: mit kochendem Wasser ausspülen. Dias Brandy-Fruchtgemisch nun durch ein Sieb filtern, dabei nicht stark pressen, denn das Fruchtfleisch soll vom Alkohol getrennt werden. Nochmals durch ein sauberes Stofftuch klar filtern und abfüllen. Kühl gelagert hält sich der Likör 8-12 Monate. Das Fruchtfleisch kann man nun mit der entsprechenden Menge Gelierzucker 2:1 schnell zu einer Marmelade kochen – ergibt etwa 2 Gläschen und schmeckt zwar etwas „schnapsig“ aber superlecker!

Bratapfellikör

Ergibt 850 ml Likör

2 säuerliche Äpfel (am besten Bio)

8 Gewürznelken

8 g Stangenzimt

½ Vanilleschote

2 EL Zitronensaft

500 ml Apfelsaft, natürtrüb, ungezuckert

180 g brauner Rohrzucker

50 g Gelierzucker 3:1

350 ml Whisky

Wer den Likör lieber stärker mag, verwendet bis zu 500 ml Alkohol

Ein besonders feines Aroma erhält er auch durch den Zusatz von 50 ml Williamsbirnenbrand

1. Die Äpfel waschen, Stiele entfernen und die Äpfel mit der Schale und dem Kernhaus in 8 Stücke zerteilen. Danach würfeln und in den Mixtopf geben.
2. Zimtstange mit dem Fleischklopfer ein paar mal in Stücke klopfen. Die Vanilleschote längs aufschlitzen und grob zerschneiden. Mit den Nelken und den Zimtstücken, dem Rohrzucker und dem Apfelsaft in den Thermomix® füllen. **25 Min./100 Grad/ Stufe 1** ohne MB einkochen. Zitronensaft und Gelierzucker zugeben und nochmals **5 Min./Varoma/Stufe 1** ohne MB kochen (Vorsicht, kann spritzen!). Durch ein feines Sieb in ein hitzebeständiges Gefäß laufen lassen, die Fruchtmasse dabei nur leicht drücken. Den Sud abkühlen lassen.
3. Den Whisky zugeben, alles vermengen und in Flaschen füllen. Noch ein paar Tage ziehen lassen vor dem Genuss, dann wird der Likör noch feiner. Am besten kühl lagern, dann hält er sich etwa 10 Monate.

Himbeer-Ingwer-Likör

Für etwa 1 L Likör

0,5 L Himbeergeist,

38-40 Vol. % (alternativ Obstwasser)

300 g Himbeeren (frisch oder TK)

20 g Ingwer

250 g Zucker

1 TL Zitronenschale (Abrieb)

100 ml Wasser

1. Himbeeren mit 100 g Zucker und der Zitronenschale in eine Schüssel geben und 1 Stunde lang Saft ziehen lassen (bzw. auftauen und Saft ziehen lassen).
2. Ingwer schälen und klein schneiden oder reiben. Wasser mit Ingwer in den Thermomix® geben. **15 Min./100 Grad/Stufe 1** ohne MB kochen. Restlichen Zucker darin auflösen und anschließend alles sorgfältig filtern. Thermomix® ausspülen.
3. Himbeeren hinein schütten und **8 Min./ 100 Grad/Stufe 1** ohne MB kochen. Ingwersirup zugeben. **10 Sek./Stufe 10** mit MB pürieren, und durch ein feines Sieb filtern. Abkühlen lassen, dann den Himbeergeist einrühren und in saubere Flaschen abfüllen. Über Nacht gut durchkühlen lassen.

Kokos-Limetten-Likör

Ergibt 0,7 L Likör

2 Limetten, unbehandelt

300 ml weißer Rum, 40 Vol. %

70 g Kokosraspeln

650 ml Wasser

200 g Zucker

Auf Eis und mit Fruchtsaft aufgegossen ein erfrischender Genuss

1. Die Kokosraspeln mit dem Wasser in den Mixbecher geben. **25 Min./100 Grad/Stufe 1** ohne MB köcheln lassen. Durch ein Sieb die Kokosraspeln filtern, dabei gut ausdrücken. Sud auffangen und 350 ml davon abmessen.
2. Limetten mit warmen Wasser abwaschen und abtrocknen. Die Schale mit einer Reibe abnehmen (nur das Grüne!), den Saft 1 Limette auspressen. Schale, Zucker und Saft mit dem abgemessenen Kokoswasser in den Mixtopf füllen. **15 Min./120 Grad (TM31 Varoma)/Stufe 1** ohne MB einkochen. Ausschalten und abkühlen lassen.
3. Durch ein Sieb filtern, mit Rum vermischen und abfüllen. Im Kühlschrank lagern und innerhalb von 4-6 Wochen verbrauchen.

Kumquat-Sternanis-Likör

Ergibt 0,7 L Likör

150 g Kumquats

1 Sternanis

½ Stange Zimt

4 Kaffirlimettenblätter

150 g Zucker

400 ml Wasser

300 ml Mirabellengeist, 38-40 Vol. %

1. Die Kumquats mit Wasser gründlich abspülen. Die Früchte vierteln und in den Gareinsatz füllen. Zimt, Sternanis und Limettenblätter zugeben. In den TM 400 ml Wasser einfüllen, den Gareinsatz hinein hängen und **23 Min./Varoma/Stufe 1** mit MB dämpfen.
2. Den Gareinsatz herausnehmen, die Früchte und den Zucker in die Dämpfflüssigkeit (abmessen auf 250 ml) geben und **6 Min./ 120 Grad (TM31 Varoma)/Stufe 1** mit MB kochen. Den TM nun abschalten und den Sirup mit dem aufgesetz-ten MB im Mixtopf abkühlen lassen auf unter 37 Grad. Den Mirabellengeist einrühren und alles durch ein feines Sieb filtern. In saubere Flaschen abfüllen. Nach 2 Wochen Ruhezeit kann der Likör getrunken werden.

Granatapfellikör mit Vanille

Ergibt 900 – 1000 ml Likör

3 Granatäpfel

1 Vanilleschote

0,5 L weißer Rum, 40 Vol. %

1 TL Zitronenschale

250 g Krümelkandis, braun

Statt der Vanilleschote kann man auch 1 zerkleinerte Tonkabohne verwenden

1. Die Granatäpfel halbieren und den Saft auspressen. Das gelingt auf einer Zitruspresse ganz prima, doch Achtung, der Saft färbt leider hervorragend ab!
2. Den Saft messen wir nun ab: auf 0,5 L Rum benötigen wir 300 ml Saft. Diesen und den Krümelkandis in den Mixtopf schütten, ebenso die Zitronenschale und das Mark der Vanilleschote, das wir vorher auskratzen. Nun **12 Min./100 Grad/Stufe 2** ohne MB kochen lassen. Abkühlen lassen auf unter 30 Grad. Durch ein Sieb filtern, damit die Zitronenschale und eventuelle Fruchtrückstände entfernt werden. Mit dem Rum verrühren und in Flaschen abfüllen. Kühl und dunkel gelagert, sollte man dem Likör noch Zeit geben (am besten 3-4 Wochen), bevor man ihn verwendet. Schmeckt sehr lecker über Vanilleeis, Parfaits und Panna Cotta.

Orangenlikör

Für 0,75 L Likör

2 Bio-Orangen

1 Bio-Zitrone

7 Gewürznelken

1 Sternanis

¼ Muskatnuss

150 g brauner Rohrzucker

2 EL Vanillerum

0,5 L Weinbrand, 40 Vol. %

Dies ist eine schnell hergestellte Variante des Klassikers mit mehr „Wums" als die anderen, hier aufgeführten Liköre

1. Orangen und Zitrone mit heißem Wasser abwaschen und abtrocknen. Die ganzen Früchte mit der Schale in Würfel schneiden, heraustretenden Saft auffangen. Alles mit dem Zucker in den Thermomix® füllen. Mit den Gewürznelken, Sternanis und der Muskatnuss nun **20 Min./90 Grad/Stufe 2** mit MB rühren.
2. In eine Schüssel umfüllen, abgedeckt über Nacht ziehen lassen. Dann durch ein Sieb klar filtern. Den Vanillerum und den Weinbrand zugeben. In eine saubere Flasche füllen und verschlossen 1 Monat lang ruhen lassen vor dem Verzehr.

Zitronen-Rosmarin-Likör

Für 0,75 L Likör

350 ml Zitronensaft, frisch gepresst

3 Zweige Rosmarin

400 g Zucker

1 EL Blütenhonig

500 ml Wodka, 40 Vol. %

Verwenden Sie diesen fruchtigen Likör auch zum Marinieren von Süßspeisen, Eis und Kuchenböden

1. Die sauberen Rosmarinzweige mit dem Zucker in den TM geben und **30 Sek./ Stufe 10** mit MB pulverisieren. Den Zitronensaft zugeben und das Ganze nun **12 Min./ 100 Grad /Stufe 2** ohne MB zu einem Sirup einkochen. Den Honig darin auflösen lassen. In eine Flasche umfüllen und zugedeckt 24-36 Stunden lang ruhen lassen.
2. Dann mit dem Wodka vermischen und durch ein Sieb klar filtern. In eine oder mehrere saubere Flaschen füllen und noch 2-4 Wochen lang ruhen lassen vor dem Verbrauch.

Hagebutten-Maracuja-Likör

Für gut 1 L Likör

300 g reife Hagebutten

0,4 L Maracujasaft

1 Maracuja (Passionsfrucht)

1 Prise gemahlene Vanille

150 g Zucker

Saft 1 Zitrone

0,5 L Himbeergeist, 38-40 Vol. %

Schnelle Variante:

300 g Hagebuttenmarmelade mit 300 g Maracuja- oder Mangosaft 10 Sek./Stufe 5 mit MB mixen, 350 ml Himbeergeist zugeben, nochmals durchrühren, evtl. Maracujafruchtfleisch dazu – fertig!

Am nächsten Tag gekühlt oder auf Eis genießen

1. Wir verarbeiten die ganze Hagebutte, entfernen nur den abgestorbenen Blütenansatz. Die Hagebutten dann in ein Sieb geben, kurz unter Wasser abspülen und trocken schütteln. Mit dem Maracujasaft und dem Fruchtfleisch der Maracuja in den Thermomix® füllen und **20 Min./100 Grad/Stufe 1** mit MB rühren. Nun sind die Hagebutten weichgekocht und werden **10 Sek./Stufe 10** mit MB (darauf drücken) fein püriert.
2. Den Fruchtbrei mit einem Esslöffel durch ein feines Sieb streichen, dabei bleiben die Kerne und Schalenreste im Sieb zurück. Das so gewonnene dicke, feincremige Fruchtmus geben wir in den zwischenzeitlich ausgespülten Mixtopf zurück sowie die Vanille, den Zucker und den Zitronensaft dazu. **5 Min./90 Grad/Stufe 1** ohne MB rühren, damit sich der Zucker auflöst. Anschließend abkühlen lassen und den Himbeergeist zuschütten. **10 Sek./Stufe 4** mit MB mischen, dann in saubere, sehr heiß gespülte Flaschen füllen und verschließen. 4 Wochen Ruhezeit an einem kühlen Ort intensivieren die Aromen.

Rhabarber-Vanille-Likör

Ergibt etwa 1,3 L

400 g weißer Kandiszucker

0,6 L Wasser

3 dicke Stangen Rhabarber

2 Vanilleschoten

Schale 1 Bio-Zitrone

5 Gewürznelken

0,7 L Wodka, 38-40 Vol. %

Ansatzgefäß ca. 2 L

1. Die Rhabarberstangen waschen und in 1 cm lange Stücke schneiden. In das Ansatzgefäß geben. Die Vanilleschoten aufschlitzen, das Mark herauskratzen und zusammen mit den Schoten zugeben. Die abgeriebene Schale der Zitrone sowie die Gewürznelken untermischen. Mit Wodka begießen und verschlossen 3 Wochen lang ziehen lassen. Öfters umrühren oder durchschütteln.
2. Danach solange durch ein feines Sieb oder Tuch filtern bis keine Trübstoffe mehr enthalten sind und der Ansatz klar ist. Die Rhabarberstücke und Gewürze auffangen.
3. Diese in den Thermomix® umfüllen, Wasser und Zucker zugeben. **20 Min./100 Grad/ Stufe 1** ohne MB kochen. Im Thermomix® abkühlen lassen, dann den Wodka hinein geben. **10 Sek./Stufe 5** mit MB durchmischen, dann durch ein Sieb filtern. Nochmals durch ein angefeuchtetes Tuch (Mull o. ä.) klar filtern und in saubere Flaschen füllen. Verschlossen 1 Monat lang lagern, bevor man ihn gekühlt oder auf Eis serviert.

Limoncello

Für etwa 1,2 L Likör

5 Zitronen, unbehandelt
0,450 ml Ansatzalkohol
oder Wodka, 70 Vol. %
420 ml Wasser
280 g Zucker, weiß
2 TL Zucker
1 Ansatzgefäß mit etwa 0,7 L Volumen
und breiter Öffnung

Durch das Auskochen der bereits ausgezogenen Zitronenzesten holen wir noch den letzten kleinen Rest Aroma aus ihnen heraus – und eine schöne Farbe

1. Die Zitronen mit heißem Wasser abwaschen und trocken reiben. Die Schale nun mit einer Reibe sorgfältig abnehmen, dabei nur den gelben Teil verwenden, die weiße, bittere Unterhaut an der Zitrone lassen.
2. Die Schalen nun in das Ansatzgefäß geben. 2 TL Zucker dazu füllen und mit dem Ansatzalkohol aufgießen. Verschließen und 2-4 Wochen lang an einem zimmerwarmen Ort extrahieren lassen. Dabei öfters etwas schütteln.
3. Das Wasser mit dem Zucker in den Thermomix® geben. Den Zitronenansatz filtern, dabei die Zesten (Schalenstücke) auffangen und zu dem Wasser-Zucker-Gemisch geben. **20 Min./ 100 Grad/Stufe 1** ohne MB kochen. Im Mixtopf etwas abkühlen lassen, dann durchfiltern und ganz erkalten lassen. Den Alkohol nun wieder zugeben und alles gut verrühren. In vorbereitete, saubere Flaschen füllen und verschließen. Hält sich mindestens 1 Jahr.

Ananas-Basilikum-Likör

Ergibt etwa1 L Likör

400 ml Ananasfruchtsaft, 100 % Fruchtanteil

15 Blätter Basilikum

1 TL Zitronenschalenabrieb

150 g Zucker

0,5 L Wodka, 40 Vol. %

Dieser leckere Likör peppt wunderbar fruchtige Sommerbowlen auf

1. Saft und Zucker in den Thermomix® geben. **15 Min./120 Grad (TM31 Varoma)/ Stufe 1** ohne MB zu einem Sirup kochen. Basilikumblätter abwaschen und in den heißen Sirup geben, Zitronenschalenabrieb einrühren. Alles **10 Min./90 Grad/Stufe 1** mit MB ziehen lassen. Abkühlen lassen.
2. Durch ein Sieb klar filtern und den Wodka zugeben. Gut vermischen, dann in Flaschen füllen und verschließen. Noch 1-2 Wochen lang ruhen lassen. Gekühlt genießen. Hält sich bis zu 1 Jahr.

Kiwi-Minz-Likör

Für etwa 1 L Likör

2 Kiwis, schön reif

90 g Zucker

100 ml Minzsirup

200 ml Wasser

2 EL Vanillerum

0,5 L Wodka, 38 Vol. %

1. Kiwis schälen und in 6 Teile schneiden. In den Mixbecher geben und **10 Sek./Stufe 6** mit MB pürieren. Zucker und Wasser zugeben und **15 Min./120 Grad (TM31 Varoma)/ Stufe 1** ohne MB kochen.
2. Minzsirup zugeben und abkühlen lassen. Durch ein feines Sieb filtern; Vanillerum und den Wodka einrühren. In saubere Flaschen füllen und verschließen. Kühl lagern und kalt, eventuell mit Eiswürfeln oder auch mit Sekt oder Mineralwasser aufgegossen servieren!

Pink Grapefruit mit Vanille

Für 700 ml Likör

2 rosa Grapefruits

1 Vanilleschote

300 g Zucker

300 ml Wodka oder Grappa, 40 Vol. %

1. Die Grapefruits auspressen, den Saft abmessen. Benötigt werden 300 ml davon (evtl. mit Wasser auffüllen), in den Mixtopf geben.
2. Die Vanilleschote längs aufschlitzen, das Mark herauskratzen, die Schote dann in mehrere Stücke schneiden. Beides zum Saft geben.
3. Zucker zugeben und **10 Min./Varoma/ Stufe 2** ohne MB kochen. Abkühlen lassen, dann klar filtern und mit dem Alkohol vermischen.
4. In saubere Flaschen abfüllen und kühl lagern. Schmeckt auch mit Eiswürfeln, Sekt oder Mineralwasser aufgegossen.

Quittenlikör mit Minzblüten

Für ca. 650 ml Likör

500 g Quitten

1 TL getrocknete Minzblüten

200 g Zucker

500 ml Wasser

50 ml Orangenlikör

300 ml Obstbrand, 38 Vol. %

1. Die Quitten waschen und mit einem Küchentuch trocknen, dabei die Härchen von der Schale wegreiben. Die Quitten nun vierteln und das Kerngehäuse herausschneiden.
2. Die Quittenstücke in den Mixbecher geben. Zucker und Wasser zufügen und das Ganze nun **30 Min./100 Grad/Stufe 2** ohne MB kochen lassen. Durch ein Sieb klar filtern, den TM ausspülen und den Quittensud wieder hineinschütten (die ausgekochten Quittenfrüchte könnte man zu einer Quittenmarmelade oder einem Quittenbrot weiter verarbeiten). Nochmals auf 100 Grad erhitzen, die Minzblüten nun zugeben. Thermomix® ausschalten und den Sud abkühlen lassen. Orangenlikör und Obstbrand zugeben und alles gut vermischen. In saubere Flaschen abfüllen. Vor dem Verkosten noch 2 Monate lang reifen lassen.

Heidelbeerlikör mit Amarettiparfum

Für etwa 1 L Likör

500 g reife Heidelbeeren
(frisch oder TK, getaut)
200 ml Apfelsaft
1 Vanilleschote
1 Bio-Zitrone
10 Amarettikekse
180 g Zucker
0,5 L Wodka, 40 Vol. %

1. Die Heidelbeeren mit dem Zucker, dem ausgekratzten Vanillemark und den Amarettikeksen in den Thermomix® geben. Die Zitrone heiß abwaschen und abtrocknen. Die Schale (ohne die weiße Unterhaut) abraspeln, den Saft auspressen. Beides zu den Früchten geben. **10 Sek./Stufe 6** mit MB rühren. Dann 1 Stunde ruhen lassen.
2. Den Apfelsaft zugießen und alles **8 Min./100 Grad/Stufe 1** ohne MB erhitzen. Umfüllen in eine Schüssel und über Nacht abgedeckt ruhen lassen. rühren, damit sich der Zucker darin auflöst.
3. Durch ein feines Sieb passieren (evtl. mit einer Flotten Lotte). Den Wodka zugeben, gut vermischen und in saubere, sehr heiß gespülte Flaschen füllen. Verschlossen 1 Monat lang ruhen lassen. Hält sich maximal 1 Jahr.

Feiner Cassislikör

Für etwa 2 L Likör

700 g schwarze Johannisbeeren, geputzt (frisch oder TK-Ware)
400 g Brauner Rohrzucker
1 Tonkabohne
Ca. 1 L Obstbranntwein, 38-40 Vol. %
500 ml trockener Rotwein oder Schwarzer Johannisbeersaft (möglichst ungezuckert)
1 Bio-Zitrone

1. Die Tonkabohne mit einer Muskatreibe fein reiben. Die geputzten (oder aufgetauten) Beeren mit dem Zucker, der Hälfte vom Wein sowie dem Tonkapulver in eine Schüssel geben und gut vermischen. Abgedeckt über Nacht durchziehen lassen.
2. Das Beerengemisch und den restlichen Wein (oder Johannisbeersaft) in den Mixtopf füllen. Die Zitrone heiß abwaschen und trocknen. Die Schale mit einem Sparschäler abziehen (ohne die weiße Unterhaut), anschließend den Saft abpressen. Schale und Saft den Früchten zugeben. Alles **20 Sek./Stufe 10** mit MB mixen. Dann **14 Min./100 Grad/ Stufe 2** ohne MB rühren.
3. Den Fruchtbrei nun durch ein Sieb drücken oder durch eine Flotte Lotte treiben, um Schalenrückstände und Kerne zu entfernen. Das Mus nun abmessen. Auf 500 ml Fruchtpüree gibt man je nach Geschmack 400-500 ml Obstbranntwein. In Flaschen abfüllen und am besten noch 2 Monate lang kühl ruhen lassen bevor man den Cassis genießt.
4. Schmeckt fein auch über Desserts, auf Eis oder auch mit Sekt oder Mineralwasser aufgegossen.

Erdbeerlimes

Für etwa 2,2 L Limes

ca. 900 g Erdbeeren

400 g Puderzucker

50 ml Minzsirup

1 L Wodka, 40 Vol. %

1. Die Erdbeeren waschen und die Blütenansätze abzupfen. Angedrückte oder faule Stellen entfernen, insgesamt werden 750 g geputzte Erdbeeren benötigt. Die Erdbeerstücke nun in den Mixtopf geben. Den Minzsirup zufügen. **20 Sek./Stufe 10** mit MB fein pürieren.
2. Den Puderzucker zugeben, **1 Min./Stufe 4** mit MB rühren. Die Menge abmessen. Auf 100 ml Fruchtpüree gibt man 70-90 ml Wodka, je nachdem wie stark er sein und wie lange er gelagert werden soll. Wieder in den Mixbecher schütten und **5 Sek./Stufe 4** mit MB rühren. Durch ein Sieb in die vorbereiteten, sehr sauberen Flaschen abfüllen. Auf diese Weise werden störende Fruchtkerne entfernt und der Limes wird samtiger.
3. Unbedingt verschlossen im Kühlschrank lagern und möglichst kalt, eventuell mit Eiswürfeln oder auch mit Sekt oder Mineralwasser aufgegossen servieren!

Kräuter- und Gewürzliköre

Teelikör

Ergibt 0,7 L Likör

400 ml stilles Wasser
300 g Zucker
30 g Vanillezucker
2 EL Schwarztee
(z.B. Earl Grey)
450 ml Weinbrand
oder Whisky, 40 Vol. %

Teelikör lässt sich gut für die Zubereitung von aromatischen Bowlen, Heißgetränken oder Grog verwenden, aber auch für Desserts und Kuchen. Probieren Sie auch einmal andere Teesorten (Grüner Tee, Rooibos, guten Früchtetee) aus – es lohnt sich!

1. Wasser, Zucker und Vanillezucker in den Mixtopf geben und **20 Min./100 Grad/Stufe 1** ohne MB zu einem Sirup kochen. Den Deckel abnehmen und das Schwitzwasser sofort abtrocknen. Den Schwarztee zugeben und 3 Minuten lang ziehen lassen (andere Teesorten entsprechend länger). Durch ein Sieb filtern und abkühlen lassen.
2. Den Weinbrand eingießen, gut durchmischen und in gereinigte Flaschen abfüllen. Hält sich an einem kühlen Ort gelagert bis zu 12 Monate.

Zimtlikör

Für 0,75 L Likör

3 Stangen Zimt

1 Vanilleschote

½ TL Zitronenschale (bio)

300 ml Wasser

200 g brauner Rohrzucker

400 ml Weinbrand, 40 Vol. %

1. Den Zimt mit einem Fleischhacker in Stücke brechen. Die Vanilleschote längs aufschlitzen und die Ränder aufbiegen, dann in 6 Stücke schneiden. Zimt, Vanille und Zitronenschale in eine Flasche geben und mit dem Weinbrand begießen. Verschließen und 2 Wochen bei Zimmertemperatur ausziehen lassen.
2. Den Ansatzweinbrand durch ein Sieb klar filtern. Die Gewürze auffangen und in den Thermomix® geben. Wasser und Zucker dazu schütten und **15 Min./120 Grad (TM31 Varoma)/Stufe 1** ohne MB köcheln. Im Thermomix® ohne Deckel abkühlen lassen. Den Weinbrand zum Sirup geben und **5 Sek./Stufe 4** mit MB rühren. Dann durch ein feines Sieb filtern und in eine saubere Flasche füllen. Verschlossen gönnt man dem Likör am besten noch eine Ruhezeit von 4-6 Wochen, bevor man ihn serviert. Er hält sich gut 1 Jahr lang.

Rosenblütenlikör

Für 0,6 L Likör

7 duftende Wildrosenblüten, morgens gepflückt (ca. 25 g)
125 ml Weingeist, 96 Vol. %
125 ml Quellwasser
200 g Zucker
250 ml Wasser
1-2 EL Zitronensaft

Rosenlikör gibt Bowlen, Cocktails und Aperitifs ein exquisites Aroma

Für eine intensivere Rotfärbung kann man dem fertigen Likör etwas Lebensmittelfarbe zugeben

1. Die Rosenblütenblätter ohne Stiele in ein verschließbares Gefäß geben und mit dem Wasser und dem Weingeist auffüllen. 14 Tage lang verschlossen ziehen lassen, dabei öfters schütteln.
2. Den Ansatz filtern, bis er ganz klar ist.
3. Zucker, Wasser und Zitronensaft in den Mixtopf geben. **18 Min./120 Grad (TM31 Varoma)/Stufe 1** ohne MB köcheln. Den Deckel abnehmen, ohne dass das darin gesammelte Kondenswasser in den Sirup tropft, und abkühlen lassen auf unter 37 Grad. Das Rosenwasser zugeben und gut verrühren. Den Likör nun in saubere Flaschen abfüllen. Am besten lässt man den Likör nun noch 4 Wochen lang ruhen und lagert ihn kühl bis zu 12 Monate.

Matcha-Likör

Ergibt 0,5 L Likör

330 ml stilles Wasser

210 g Zucker

10 g Vanillezucker

1 gestrichener EL Matchapulver (möglichst frisch und hellgrün)

100 ml Weingeist, 96 Vol. %

1. Das Wasser und den Zucker in den Mixtopf geben. **20 Min./100 Grad/Stufe 1** ohne MB zu einem Sirup kochen lassen. Unter Rühren dann auf 75 Grad abkühlen lassen.
2. Den Matcha abmessen und in den Sirup geben. **5 Sek./Stufe 6** mit MB mixen, dann weiterrühren lassen, bis er kalt ist.
3. Den Weingeist zufügen und **5 Sek./Stufe 4** mit MB vermischen. Abfüllen und 2-3 Tage lang ruhen lassen vor dem Verzehr. Hält sich an einem kühlen Ort bis zu 1 Jahr.

Lebkuchenlikör

Für 0,7 L Likör

20 g Lebkuchengewürz, ganz (Mischung aus Nelken, Zimt, Piment, Kardamom)

300 ml Wasser

200 g brauner Rohrzucker

400 ml Roter Weinbrand, 40 Vol. %

1. Das Wasser, das Lebkuchengewürz und den Zucker in den Mixtopf geben. **15 Min./100 Grad/Stufe 1** ohne MB zu einem Sirup kochen lassen. Den TM ausschalten und den Sirup abkühlen lassen. Dann durch ein feines Sieb klar filtern.
2. Den Weinbrand zugeben und gründlich vermischen. In Flaschen abfüllen und nach Möglichkeit noch 1 Woche Ruhezeit geben vor dem Verzehr. Hält sich an einem kühlen Ort bis zu 1 Jahr. Für heißen Punsch einfach mit heißem Tee aufgießen!

Minzlikör

Für 0,7 L Likör

1 Handvoll frische Pfefferminze

100 ml Weingeist, 96 Vol. %

½ Zimtstange

abgeriebene Schale

1 Bio-Orange

400 ml Wasser

200 g Zucker

1. Zimtstange in Stücke brechen. Mit der Orangenschale, dem Wasser und dem Zucker in den Thermomix® geben und **15 Min/120 Grad (TM31 Varoma)/Stufe 1** ohne MB rühren.
2. Die Minze mit kaltem Wasser gut abwaschen, trocken schütteln, grob schneiden und in den heißen Sud geben. **5 Sek./Stufe 6** mit MB mixen, dann **15 Min/90 Grad/Stufe 1** mit MB erhitzen. Umschütten in ein Gefäß und abgedeckt über Nacht ziehen lassen.
3. Durch ein Sieb klar filtern und mit dem Weingeist mischen. In eine saubere Flasche füllen. Möglichst noch 3 Wochen lang ruhen lassen vor dem Verzehr. Hält sich 1 Jahr lang.

Gewürzbierlikör

Ergibt etwa 0,7 L Likör

300 ml Bier

(Dunkles oder Doppelbock)

½ Zimtstange

3 Gewürznelken

1 Sternanis

½ Vanilleschote

200 g brauner Rohrzucker

250 ml Doppelkorn, 38 Vol. %

1. Vanilleschote längs aufschlitzen, das Mark herauskratzen und die Schote in Stücke schneiden. Das Bier mit den Gewürzen, der Vanilleschote und dem Vanillemark sowie dem Zucker in den Mixtopf geben. **5 Min./ Varoma/ Stufe 1** ohne MB kochen, danach **10 Min./90 Grad/Stufe 1** ohne MB ziehen lassen. Deckel abnehmen, das Kondenswasser dabei nicht hineintropfen lassen. Im offenen Topf auskühlen lassen.
2. Durch ein feines Sieb filtern, dann den Doppelkorn einrühren. In eine Flasche füllen und 1 Monat lang ruhen lassen vor dem Verzehr. Hält sich 1 Jahr, bitte kühl lagern.

Nussler

Für 1 L Likör

200 g ganze Haselnüsse

0,6 L Vanillerum,

40 Vol. % (siehe Basics)

1 EL Kakaopulver (ohne Zucker)

oder Kakaobohnen

1 Prise Muskatnuss

300 ml Wasser

20 g Orangenzucker

300 g Rohrohrzucker

1. Die Haselnüsse in den Mixtopf geben und **18-20 Min./100 Grad/Stufe 1/Linkslauf** ohne MB rösten. Dann **3 Sek./Stufe 7** grob hacken und in ein Ansatzglas umfüllen. Mit dem Vanillerum auffüllen, Kakao und Muskatnuss zugeben und gut vermischen. Verschlossen an einem kühlen Ort 2 Wochen lang ausziehen lassen.
2. Ansatz durchsieben, die Nüsse und Gewürze dabei auffangen. Mit dem Wasser und dem Rohrzucker in den Mixbecher geben. **15 Min./100 Grad/Stufe 1** ohne MB kochen, dann den Orangenzucker darin auflösen und anschließend abkühlen lassen.
3. Den Nusssirup mehrmals filtern, bis er klar ist. Dann ganz auskühlen lassen. Anschließend gut mit dem Vanillerum vermischen und in saubere Flaschen füllen. Mindestens 1 Monat lang kühl ruhen lassen vor dem Verzehr!

Rotweinlikör mit Chili

Für 0,75 L Likör

700 ml trockener, guter Rotwein

4 Nelken

½ Vanilleschote

½ Zimtstange

1 getrocknete kleine Chilischote

200 g brauner Rohrzucker

200 ml Ansatzalkohol, 96 Vol. %

(alternativ verwendet man nur 500 ml Rotwein und 400 ml Weinbrand mit 40 Vol. %)

1. Die Zimtstange in mehrere Stücke brechen. Die Vanilleschote aufschlitzen, das Mark heraus schaben und die Schote in 5 Stücke aufschneiden. Die Chilischote mit den Fingern zerbröseln. Rotwein, Zucker, Zimt, Vanillestücke und -mark, Nelken und Chili in den Thermomix® geben. **18 Min./120 Grad (TM31 Varoma)/Stufe 1** ohne MB kochen lassen, dabei darauf achten, dass nichts überkocht (ansonsten auf 100 Grad zurückschalten).
2. Thermomix® ausschalten und alles ohne Deckel abkühlen lassen.
3. Ansatzalkohol dazu geben und **5 Sek./Stufe 4** mit MB rühren, dann durch ein feines Sieb filtern und in Flaschen abfüllen.
4. An einem kühlen Ort noch 4 Wochen lang ziehen lassen. Der Likör hält sich bis zu 12 Monate.

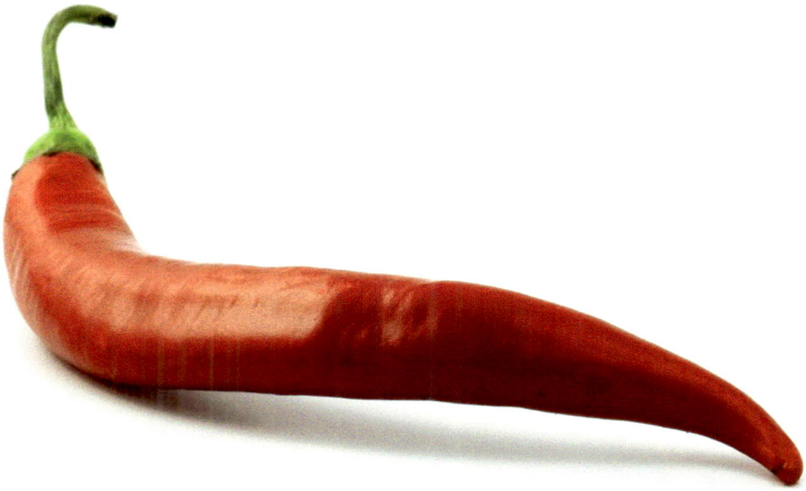

Ingwerlikör

Für 0,75 L Likör

40 g Ingwer, frisch

25 g Ingwer, kandiert

50 g Blütenhonig

0,4 L Weinbrand, 40 Vol. %

1 TL Zitronenschale

100 g heller Rohrzucker

300 ml Wasser

1. Den frischen Ingwer schälen und schneiden: je nachdem, wie scharf der Likör werden soll, hackt oder reibt man ihn sehr fein (scharf) oder schneidet ihn in Scheiben von etwa 2 mm Dicke (milder). Den kandierten Ingwer anschließend würfeln.
2. Beide Ingwersorten mit Wasser, Zitronenschale und Rohrzucker in den Mixbecher geben. **10 Min/100 Grad/Stufe 1** ohne MB rühren, dann nochmals **10 Min/90 Grad/ Stufe 1** ohne MB. Im Thermomix® lauwarm abkühlen lassen, dann den Honig darin auflösen. Durch ein Sieb klar filtern und mit dem Weinbrand vermengen. In eine saubere Flasche füllen und verschlossen möglichst 2-3 Wochen lang vor dem Verzehr kühl und dunkel ruhen lassen. Hält sich gut 1 Jahr lang.

Kakaowunder

Für 1 L Likör

25 g Kakaobohnen, ganz

500 ml Grappa, 40 Vol. %

500 ml Wasser

100 g weißer Zucker

70 g brauner Rohrzucker

Dieser weiche Kakaolikör mit wunderbaren Schokoladenaromen wird jeden „Schokoholic" begeistern

Verwenden Sie am besten frische Kakaobohnen in Bio-Qualität

Versuchen Sie einmal eine Variante mit etwas Zimt und Gewürznelken – besonders für die Weihnachtszeit passend

1. Die Kakaobohnen in den Thermomix® geben und **4-5 Sek./Stufe 5** mit MB grob hacken. Dann direkt in die Grappaflasche schütten. Verschließen und 2-3 Wochen lang an einem zimmerwarmen Ort stehen lassen.
2. Filtern, dabei die Kakaobohnenstücke auffangen und in den Mixbecher schütten. Wasser, Zucker und Rohrzucker zugeben und **15 Min./100 Grad/Stufe 2** ohne MB rühren. Im Thermomix® abkühlen lassen.
3. Filtern, bis der dünnflüssige Sirup klar ist, dann mit dem Grappa vermengen. In saubere Flaschen füllen und verschließen. Gibt man dem Likör nun noch 1 Monat Ruhezeit, so schmeckt er besonders lecker! Kühl gelagert hält er sich 12 Monate.

Kumquat-Sternanislikör, Granatapfellikör mit Vanille, Karamellikör

Salbeiblütenlikör

Für 1 L Likör

0,6 L Doppelkorn, 38 Vol. %

350 ml Wasser

170 g Kandiszucker

10 Salbeiblätter

¼ Zimtstange

1 EL Salbeiblüten

1 kleiner Zweig Rosmarin

1 kleiner Stängel Pfefferminze

1 EL Vanillerum (siehe „Basics")

1. Salbeiblätter und Salbeiblüten in eine Flasche mit weitem Hals füllen. Rosmarin und Minze grob schneiden, Zimt in Stücke brechen oder hacken und alles in die Flasche geben. Mit dem Doppelkorn auffüllen und verschlossen 10 Tage lang ausziehen (Zimmertemperatur).
2. Kräuteransatz klar filtern. Wasser und Kandis in den Mixbecher geben und **20 Min./100 Grad/Stufe 1** ohne MB kochen. Abkühlen lassen, Vanillerum und Doppelkorn zugeben. Vermischen und in eine Flasche füllen. Dunkel 4 Wochen lang ruhen lassen. Hält sich 1 Jahr.

Roter Vanillelikör

Für 1 L Likör

0,5 L Roter Weinbrand

(z. B. Chantre rouge)

3 Vanilleschoten

200 g brauner Rohrzucker

350 ml Wasser

1. Vanilleschoten längs aufschlitzen, etwas aufbiegen und in 6 Stücke zerschneiden. In den Weinbrand geben und 10 Tage verschlossen stehen lassen.
2. Weinbrand filtern, dabei die Schoten auffangen und mit dem Wasser und dem Zucker in den Mixtopf geben. **15 Min./100 Grad/Stufe 1** ohne MB kochen. Auf 37 Grad abkühlen lassen, filtern, dann den Vanille-Weinbrand zugeben. **15 Sek./Stufe 3** mit MB mischen. In Flaschen füllen. 4 Wochen lang ruhen lassen. Hält sich 1 Jahr.

Rosmarin-Thymian-Likör

Für ca. 1 L Likör

0,5 L Grappa, 40 Vol. %

2 Zweige Rosmarin

1 Zweig Thymian

Schale ½ Bio-Zitrone

150 g Zucker

500 ml Wasser

Dieser Likör hat eine reduzierte Süße und eignet sich gut als Digestif. Wer ihn doch süßer mag, verwendet 50-100 g mehr Zucker oder süßt ihn mit Honig nach

1. Rosmarin und Thymian grob zerschneiden und mit den holzigen Teilen und der Zitronenschale zusammen in eine Flasche mit breitem Hals füllen. Mit dem Grappa auffüllen. Verschlossen bei Zimmertemperatur 14 Tage lang ausziehen lassen.
2. Den Liköransatz filtern, die Kräuter und die Zitronenschale dabei auffangen und in den Mixbecher geben. Nun Wasser und Zucker zuschütten und **25 Min./100 Grad/Stufe 1** ohne MB kochen.
3. Im Mixtopf auskühlen lassen, dann durch ein Sieb klar filtern. Grappa zugeben und gut verrühren. In Flaschen abfüllen. An einem kühlen Ort 3-4 Wochen lang ruhen lassen.

Caipi – Likör

Für 500 ml Likör

6 Bio-Limetten mit essbarer Schale

0,4 L Cachaça

180 g feiner weißer Rohrzucker

In Brasilien wird nicht der in Europa meist verwendete braune Rohrzucker, sondern heller, feinkörniger Raffinierzucker aus Zuckerrohr für Caipirinha verwendet ...

1. 4 Limetten auspressen, den Saft in den Mixtopf filtern. Von den beiden übrig gebliebenen Limetten die Schale mit einer Reibe abnehmen (nicht die weiße, bittere Unterhaut!) und mit dem Saft ebenfalls in den TM schütten. Rohrzucker zugeben und **30 Min./80 Grad/Stufe 2** ohne MB erhitzen.
2. Abkühlen lassen, 2 Stunden lang ruhen lassen, dann den Cachaça darüber gießen. Klar filtern und in Flaschen füllen. Eiskalt oder auf viel Crushed Eis servieren.

Verzeichnis

Verwendete Abkürzungen

In den angegebenen Rezepten werden folgende Kürzel und Begriffe verwendet:

TM	Thermomix® (gemeint ist dabei der Mixtopf)
MB	Messbecher (durchsichtiger Innendeckel zum Abdecken und Abmessen)
Mixtopf	Koch- und Mixbehälter des Thermomix®
Mixbecher	= Mixtopf
Stufe ...	Rührstufe (Drehgeschwindigkeit)
Linkslauf	Schalter zum Umstellen von Zerkleinern (mixen, pürieren) auf Vermischen (aufschlagen, verrühren)

Feine Gewürze aus dem Thermomix®
ISBN 978-3-934473-28-7

Das Thermomix® Grillbuch
ISBN 978-3-934473-79-9

Thermomix® für Kerle
ISBN 978-3-934473-27-0

Weihnachtsgebäck aus dem Thermomix®
ISBN 978-3-934473-26-3

Gesundheit aus dem Thermomix®
Kräutermedizin und Hausmittel RatzFatz gerührt
ISBN 978-3-934473-81-2

Cookies & Kekse aus dem Thermomix®
ISBN 978-3-934473-29-4

Das ultimative Senfbuch
Selbst gemacht ist einfach besser!
ISBN 978-3-934473-71-3

Fettfrei und Lecker
Das Adipositas und HCG Diät-Kochbuch
ISBN 978-3-934473-39-3

Aroma-Essig
Selbst ansetzen und genießen
ISBN 978-3934473-32-4

Kreative Früchteküche: MANGO
Vorspeisen, Fleisch, Geflügel, Fisch & Meeresfrüchte, Desserts & Eingemachtes, Küchenkosmetik
ISBN 978-3-934473-23-2

Heilpflanzen-Tinkturen
Wirksame Kräuterauszüge
mit und ohne Alkohol selbst herstellen
ISBN 978-3-934473-20-2

Frozen Yogurt
Lecker leichtes Joghurt-Eis selbst gemacht
ISBN 978-3-934473-12-6

Hot Chocolate!
Köstliche Trinkschokolade
selbst gießen und genießen
ISBN 978-3934473-30-0

Kräuter- und Gewürzsalze
Leckere Salzmischungen,
höllisch scharf und himmlisch würzig
ISBN 978-3-934473-05-8

Das Sirup-Kochbuch
Fruchtsirup, Blütensirup, Kräutersirup,
Hustensirup und Kräuter-Honig
ISBN 978-3-934473-00-3

Natron
Das weiße Gold in der Küche
Alt bewährt und neu entdeckt
ISBN 978-3-934473-98-0

Kräuterweine und Elixiere
110 Rezepte
nach Hildegard von Bingen,
Ayurveda und aus der Naturheilkunde
ISBN 978-3-934473-03-4

Naturheilsalben selbstgemacht
Altbewährte und neue Rezepturen
ISBN 978-3934473-21-8

Parfum Workshop
100 edle Düfte für Sie & Ihn
ISBN 978-3-934473-77-5